国家万人计划教学名师阚雅玲团队系列丛书

# 零售店长职业文化修养

谭福河 著

U0781857

广东高等教育出版社
Guangdong Higher Education Press

·广州·

## 内 容 简 介

一个优秀的零售店长首先需要喜欢零售,喜欢在零售服务中去感受人、理解人、关心人,喜欢在零售业务的磨炼中提升自己的修为,完善自己的人格,传播"服务他人、成就自我"的价值观念。所以,零售店长是一份以人性为职业素养核心的职业。本书坚持这一理念,从去妄存真、改变就是意义、沉下来做事等 13 个方面,围绕"如何提高零售店长文化修养"这一主题展开讲解。在一定的情境下去体悟是增进人性修养的主要途径,单纯的知识宣教反倒会起到不良效果。因此,面向即将进入零售业的职业院校大学生,本书提供的是视角、方法与思维框架。

**图书在版编目(CIP)数据**

零售店长职业文化修养/谭福河著. —广州:广东高等教育出版社,2018.6

(国家万人计划教学名师阚雅玲团队系列丛书)

ISBN 978 - 7 - 5361 - 6107 - 8

Ⅰ. ①零… Ⅱ. ①谭… Ⅲ. ①零售商店 - 商业管理 Ⅳ. ①F713. 32

中国版本图书馆 CIP 数据核字(2018)第 015201 号

| 出版发行 | 广东高等教育出版社 |
| --- | --- |
| | 地址:广州市天河区林和西横路 |
| | 邮政编码:510500 电话:(020)87551597 87551163 |
| | http://www. gdgjs. com. cn |
| 印 刷 | 佛山市浩文彩色印刷有限公司 |
| 开 本 | 787 毫米 ×1 092 毫米 1/16 |
| 印 张 | 8. 25 |
| 字 数 | 130 千 |
| 版 次 | 2018 年 6 月第 1 版 2018 年 6 月第 1 次印刷 |
| 定 价 | 22. 00 元 |

# 作者简介

谭福河，1975 年 11 月出生，山东莱州人，博士，副教授，具有近十年的自主创业经历，2010 年来广州番禺职业技术学院任教，现任学校创业教育中心主任、管理学院分管科研与校企合作的副院长，先后筹建百果园学院、职业店长学院、店长职业教育集团，兼任百果园学院院长、店长职业教育集团秘书长，零售业现代学徒制研究团队学术带头人，先后发表论文 20 余篇，专著 5 部，编著教材 3 部，完成各级各类课题 10 余项。

## 路口、门口与心口

本套丛书即将付梓，本人作为其中一本书的作者，有交差后的释然，也有收获前的欣喜。作为阚老师的朋友，看到她将数十年来的点点滴滴整理出来与大家分享，不知为何，开心之余，却有一丝莫名的惆怅。或许这套书所蕴含的"总结"意味，让我感受到逝者如斯的沧桑。

阚老师不主张用繁复的制度去管人，更偏爱文化的影响力，无论是对学院的发展，还是对同事间的关系，如此柔性的环境带来了更多的可能性，丰富了工作的故事性。

阚老师将写序言的任务交给我，使我颇有受宠之感，但总是很忐忑，因为印象中的序言似乎都是出自大家手笔。她一向不会轻易给人布置任务，想想这也是一次回顾过往的好机会，也就欣然答应。提笔之时已是深夜，白日的聒噪渐远，间或传来的车声人语反倒让人觉得越发安静，想起到广州番禺职业技术学院的几年，记忆如丝如缕，翩翩栩然。

时间一直走，没有尽头，只有路口。

——张嘉佳《摆渡人》

2010 年，我从浙江宁波应聘来到广州番禺职业技术学院，自己当时处在人生的十字路口，对家庭、孩子、工作等都有许多想不通的地方，何去何从，颇有犹疑。

在我从事教育工作的前十年，虽然也有前辈和领导指导，但从未遇到像阙老师这样如此痴迷于与人沟通和分享的人。她会很坦诚地与其他老师聊天，每次会议她都会非常用心地准备自己的发言，每次发言都会从帮助其他老师成长的角度去分析现象、梳理问题、给出建议。她不仅会谈工作，也会谈自己的孩子、房子装修、家人关系等生活方面的事情，她坚持在行动中找寻解决问题的办法，她会想办法让每个人都站出来表达自己的想法。

所有这些都触动我向自己提问，促使我更用心地思考什么是工作、什么是爱人、什么是家庭教育、什么是今天、什么是明天……

不能说已经找到了答案，但在持续询问自己、给出解释、行动与修正的过程中，稍微完整的为人处世的原则框架逐渐形成。比如关于工作方法，从她身上我学会了通过增强工作之间的相关性与协同性来提高效率。再比如关于工作与家庭的关系，她会很坚定地说自己会将家庭放在第一位，虽然我不是完全认同，但这提示我应当建立自己的、关于工作与家庭关系的标准。

时间一直在走，路口仍然会有，凭借这些原则，我可以做出选择。有选择的感觉很好，前提是有自己的原则。

有人说，十年太长，什么都有可能改变。一辈子却太短，一件事也有可能做不完。

——张嘉佳《摆渡人》

兴趣即事业。这是我努力坚守的信条，在工作中，在课堂上，在与女儿的交流过程中，我会不失时机地传达这一理念。如果能够找到值得你倾尽一生去做的事情，而且不会因为这件事情没有完成而感到沮丧，这是非常幸福且幸运的。

职业院校与自己以往服务的学校差别比较大，在进入职业教育领域的最初几年，我并没有找准工作定位。有一次在全院教师大会上，阚老师直接指出我对于职业教育的看法仍然囿于传统学术型大学体系之窠臼。当时的感觉是很没面子，但让我能稍许心安的就是，身边有在职业院校工作好多年的教师对于什么是职业教育的本质也把握不准。我能感受到阚老师的焦虑，她希望转变教师们的观念。如何开发课程，如何设计教学单位，如何制作微课，如何组织翻转课堂，如何能成为一名优秀的高职教师等，她不厌其烦，通过各种形式，反反复复地向大家渗透几条简单而关键的职业教育原理。

2014 年，当管理学院通过深度的校企合作将人才培养体系推动到一个崭新的阶段，在开放的系统之中，我更加明确了职业教育的意义。特别是在现代学徒制自主招生面试的时候，我看到学生因为能进入广州番禺职业技术学院而激动落泪，那滴泪水洗去了我对职业教育的朦胧。

彼时彼刻内心的悸动来自此前阚老师的熏陶。俗话说："师傅领进门，修行在个人。"让一个人建立起对本门事业的兴趣，由被动地工作到主动地承担，这样才是真的将徒弟领进门了。给阚老师当"徒弟"和"助手"都是有不小压力的，幸运的是我们还是朋友，更是带领各个专业建立职业店长学院的亲密伙伴。

有一天，阚老师会退休，我也会，但职业教育会继续发展，我们共同敬畏的教育使命也会延续。想想其中有大家的携手努力，我们的生命印记其中，那将是多么幸福的事情啊！

> 我知道我不是他的明天，我唯一可做的，就是把他送到彼岸。
>
> ——张嘉佳《摆渡人》

写这篇序言的时候，恰逢毕业生离校之季，不知道阚老师送走过多少学生，也不知道她曾经"摆渡"了多少个像我这样的人，经历了这么多，她是否还依然在乎分离。

我想她会的！

支撑执着与热情的往往不是理性坚强，而是心口柔弱之地。

从路口到门口再到心口，这是我的人生与她的人生交互的轨迹。从心口到门口再到路口则是她扶助每个"弟子"前行的历程，循环往复，不舍不弃。

谨以为序。

谭福河

2017 年 6 月 3 日

# 前　言

## 编织梦想的时光

什么是梦想呢？梦想就是心之所向，与梦想同行让你的内心感到安静而愉悦，让你的思想深沉而灵动，让你的身体轻松而又充满力量。对梦想更为通俗的表述就是：一想到它就会开心，愿意为它早起、晚睡、不吃不喝。

我一直梦想着有一间自己的店，可以将书、酒、朋友、旅者等联系在一起。也与许多人聊起过这个想法，发现原来许多人都有希望经营一间店的梦想，只不过有的是酒吧，有的是饭店，有的是农庄，有的是首饰制作工作室等。

与有志于成为店长的人共同进步，努力使学院成为零售连锁企业店长人才职业教育基地，这是广州番禺职业技术学院管理学院（以下简称"学院"）的努力方向。没想到我的工作与我的梦想居然如此接近。本书既是应工作需要所写，也是为自己而写，因为这本书与"梦想"有关。

谈梦想在当下显得有点俗气，这个词更可能出现在父母的表情包①里，在思维极度发散的网络世界，可以有许多更有趣、更

①　表情包是在社交软件活跃之后形成的一种流行文化。在移动互联网时期，人们以时下流行的明星、语录、动漫、影视截图为素材，配上一系列相匹配的文字，用以表达特定的情感。父母们惯用的表情包带有浓厚的老一辈的文化印记。

贴切的词来描述自己所想与所要的。但谁又能否认梦想之于自己内心的触动呢？或激动，或失落，或沉醉，或迷惘……

2015年市场营销专业面向中职学校，以单独招生的方式招录现代学徒制百果园店长班的学生。在面试环节，考生需要做自我介绍，这让我有机会聆听他们的故事，感受隐藏于他们懵懂青春之后的真实情绪。一个娇小的女生说她很开心能够有机会参加面试，这让她看到了进入大学的希望。她家庭经济条件不好，父母很希望她能读大学，但她中考成绩不理想，只能进入中专学习。就是这简单的几句话，已经让她扑簌流泪。她多年来所承受的压力，还有在梦想即将实现之前的欣喜与忐忑，让我对职业院校的学生有了全新的认识。

伍德罗·威尔逊①说："我们因梦想而伟大，所有的成功者都是大梦想家，在冬夜的火堆旁，在阴天的雨雾中，梦想着未来。有些人让梦想悄然消失，有些人则细心培育、维护，直到它安然度过困境，迎来光明和希望，而光明和希望总是降临在那些真心相信梦想一定会成真的人身上。"我们希望与同学们、伙伴们一起度过梦想旅途中的困境。

困境从心而来，由心而去。

梦想是一个过程，所以需要执着与欣赏，也只有执着和欣赏，梦想之旅才是迷人的、幸福的。

从前，有个小伙子在一棵大树下等待一位姑娘的约会，他等啊等啊，很着急，他想：要是人生无须等待多好！忽然，树下出现一白胡子神仙，对他说：年轻人，我给你一个纽扣，你着急时只需将它左转一圈，立刻就能等到你所要的时间。说完这句话，神仙就不见了。年轻人半信半疑，试着一转，那可爱的姑娘立刻出现在眼前，小伙子高兴极了，聊了一会，年轻人想，要是姑娘马上嫁给自己多好，于是他偷偷一转纽

---

① 美国第28任总统，获得1919年诺贝尔和平奖，被认为是美国历史上学术成就最高的总统。

扣，居然已是洞房花烛时。年轻人高兴了一阵，又想，我要生一个胖儿子，我可不想等上十个月。他故技重施，儿子呱呱坠地了。高兴没一会，年轻人不耐烦了，小家伙又哭又闹又撒尿，年轻人立刻让他变成了大孩子，还是耐不住，又变成了小伙子，为了让孩子安稳，年轻人又让他娶了媳妇，又生了孙子，然后孙子又长大，又是娶媳妇……

年轻人终于不再感到年轻了，他看着镜子里的自己想起了过去，他拄着拐杖来到了那棵大树下，痛惜逝去的岁月，老泪纵横。他捏着那个纽扣，很想打碎它。忽然他有个想法，如果把它右转，逝去的一切是否会重来。他颤抖着扭转了纽扣，他醒过来了，他仍是小伙子，仍在大树下，月亮依旧挂在天空，他只是做了一个梦。小伙子高兴极了，他开始非常快乐地等待心中的恋人，无论多久，不再焦急，因为他知道，这就是生活，是快乐的一部分。

我们每天都在编织自己的梦想，只不过有的人是用心的，有的人则是随意的。用心的人能感受到梦想时时刻刻在陪伴自己，他（她）欣然享受于当下的生活；另一些人则会骑驴找驴，焦急地寻找。

青春是一场绿了芭蕉、红了樱桃的游园惊梦，因为脚步轻盈，所以走得任性！① 年轻时的任性和坚持是为了将来的无坚不摧。② 所以，有人说年轻是我们唯一拥有权利去编织梦想的时光。

2017 年 1 月 6 日，我参加了赛曼集团③的年会，近距离聆听了叶国富先生关于赛曼集团及名创优品的发展战略，感受到企业优秀员工得到嘉奖时的喜悦。令我深深触动的是，这些成长为公司骨干的员工并没有光鲜的教育履历，大多数人是高中生、中专生或大专生，从店员开始努力工作，凭借勤奋与关爱为自己和家

---

① 摘自豆瓣红人午歌对《年轻，就是这么任性》的评论。
② 摘自知名评论人石述思对《年轻，就是这么任性》的评论。
③ 赛曼集团是名创优品（MINISO）的母公司。

人赚得了好生活，也使自己获得了更大的发展空间。当然，公司快速发展的势头与人本化的管理是基本前提。

听见过有些领导、专家与教师的质疑，他们认为大专生到门店去做零售是屈才了，有些学生父母也有类似的看法。说实话，以往我对大专生去门店工作也持有一定的保留意见，但在赛曼集团年会上的体会让我深切意识到，店长职业教育是大专层次的学生实现梦想的通道，是巩固他们生活自信的机会，而且这片领地适合他们去深耕细作。

零售业是充满机会的。零售业的规模巨大，单就零售连锁一个业态而言，据广东省连锁经营协会统计，2015 年广东连锁 50 强企业销售额达 4 334 亿元，占全省社会消费品零售总额的 13.8%，门店总数 75 605 间。零售业是各类生产与服务型企业的市场终端，不仅传统的商贸业在经营零售，任何一个企业都离不开零售。零售业是最直接感受需求变化的领域，因而也是最易产生与培育创新与创业机会的平台。

当然，零售业的辛苦也是众所周知的。

刚刚加入零售业，你会很不习惯，如果分到门店，你每天可能会做一些很琐碎的事情：打打牌卡，忙的时候做收银员，大库来货的时候需要爬到车子上去卸货。因为门店的人手很少，什么你都要干，没有节假日、双休日的概念，你的休息日是在周一或者周二不太忙的时候，周六周日一般都还要上班，于是你开始抱怨，开始怨天尤人。零售业本来就是一个门槛很低的行业，不需要英语四级、计算机二级，只需要你能看懂一些英文标签，能够用 Word 写文章，用 Excel 做报表就可以了。你应该保持着一种积极向上心态，在门店实习的阶段，认真观察每一个岗位：收货要注意什么，盘点的流程是怎样的，收银的时候要注意什么，理货的时候要注意把商标朝着顾客，仓库管理的时候注意一定要先进先出。运气好的话，师傅会教你，运气不好的话，师傅什么都不教你，可能还会压制你。这个时候你不能退缩，无论怎样都要坚持下去，因为你年轻，你不怕失败，不必因为上司的几句责备、顾客的谩骂而不开心，这些是你所必须经历的，一块好钢是要经过千锤百炼才能打磨成的。

零售店长为职业院校学生实现自己的梦想提供了更大可能，因为零售领域的岗位对从业者的综合素养，特别是对勤奋、诚信、细致、坚忍与拥抱变化等方面的素养有更高的要求，所以，单纯的技能训练是不能满足个人发展需要与企业人才需求的。学院希望能在文化育人方面做一些尝试，为学生的文化修习提供一些指导，这本关于店长文化修养的书便是其中之一。

何为文化？何为修养？这两个词有一个共同的特点，即内涵广泛，边界不清，似乎无所不包，但又好像空洞无物。为了便于把握写作以及后续授课的纲领，同时让读者能够与自己在同一框架内交流，我从如下方面界定文化与修养。

文化是心理程序，包括认知思维过程、情感过程与意志过程。[①] 彭凯平在《文化与心理：探索及意义》的演讲报告中提到的实验，有助于我们从心理学角度理解文化。将文化视为心理程序，有助于本书围绕店长个人修养展开探讨。

实验一：MIT（麻省理工学院）几个心理学家做了一个有意思的实验。在左边给出一个框，框内有一根线，右边给出一个稍大的框，让你画一条跟那根线一样的线，你画多长？有两种画法，第一种画法是参照那个框和线的比例画一条同样比例的线，这叫相对判断；第二种是画一条绝对长度相同的线，这叫绝对判断。心理学家通过核磁扫描的方法确定不同文化背景的人做哪种判断更容易。结果发现，亚洲人相比美国人更易于做相对判断。这说明我们在思考时更容易参考背景信息。

实验二：给你两张图，第一张是鸡，第二张是草。你认为牛应该是和草在一起还是应该和鸡在一起？我们中国人喜欢第二种，即牛应该和草在一起；而美国人喜欢第一种，即牛应该和鸡在一

---

① 文化心理学对文化的定义，文化心理学是心理学的研究领域之一，兴起于20世纪80年代。

起。事实上，第一种分类是按本质分类，第二种分类是按关系分类。这个结果令美国人非常震惊，因为西方人认为根据本质归类是高级归类，根据关系归类是低级归类。然而这是有争议的，从人类进化的角度来讲，按关系分类也许是更合乎生存意义的归类。比如说需要把妈妈、婴儿车和小轿车分成两类时，如果把婴儿车和小轿车归为一类，说他们都是交通工具，那婴儿车上的孩子怎么办？

修养是自我教育的过程。苏霍姆林斯基[①]说过：只有能激发学生自我教育的教育，才是真正的教育。从另一个角度理解这句话就是，真正的学习是自我教育。技能还可以通过直接训练掌握，对文化而言，只有自我教育，才能实现文化对心理与人格的渗透，才能实现心理程序的转变。

与零售连锁业领军企业一起通过现代学徒制培养零售店长储备人才，是广州番禺职业技术学院管理学院职业店长教育体系的重要内容。店长学院建设依存于零售业变革与教育变革的大背景，以及职业教育改革的大趋势。什么是教育？如何开展教育？教育者与学习者的关系是什么？自20世纪90年代以来，诸如此类的问题拷问着教育界，同时也是学习者必须要面对的问题，因为自主学习逐渐成为主流，适合于自主学习的机会与条件越来越完备。

所以，在相当程度上，我们的店长职业教育主要并不是培养，而是与企业、学生、行业协会等一起建立一个职业学习与发展的平台，我们希望在这个平台上，学生们能近距离触及自己的梦想，体会到为梦想而努力的快乐，提高对生活的自知与自信。

所以，这本书重点分享自我教育的理念、思想与方法。

编 者

2017 年 7 月

---

① 瓦·阿·苏霍姆林斯基（1918—1970），苏联著名教育学家。

# 目　录

# 附　录

# 去妄存真

　　不知不觉我已经在公司实习了两个多月，时间虽然不长，但我从中学习到很多知识，关于做人、做事、做学问。在工作中，要面对老板的脸色、同事的嘲讽，而在学校有老师和同学的关心。学校与社会的大环境有很大不同，与其中的人的相处之道也是完全不同的。我们可以从他们身上学习到许多实用的经验，同时学会与人相处，可以让自己少走许多弯路。出来社会工作让我懂得每一个人要取得成功，仅有很强的工作能力是不够的，我们既要努力做好自己分内的工作，又要处理好人际关系。人们往往会更喜欢帮助对自己有好处的人，而不会选择一个与自己没有任何利益关系的人，社会是很现实的。经过两个多月与同事们的相处，我逐渐被他们所接受，当我遇到问题时他们都会提醒我该如何解决，以减少我犯错的概率。对于同事的提醒，我很感谢他们。如果没有他们我会走很多弯路。很开心现在能够真正成为这个家庭中的一员，共进退。

　　　　　　　　　　　　　　——摘自黎同学的顶岗实习周记

　　"社会是很现实的。"黎同学这样讲，许多同学也会这样讲。究竟什么是"现实"呢？现实是一条线还是一个点？对现实的认识与个人的梦想有什么关系呢？

　　从学校的小环境走向社会的大环境，五彩斑斓、纷繁复杂的世界让同学们兴奋不已，也让同学们感受到陡然增加的压力。世界观在各种力量的雕琢下会逐渐定型。信念是世界观的灵魂，**我们该以什么样的信念充实我们的世界观呢**？或者说什么样的信念能让我们的世界观不至于过早地"死去"？

梦想与虚妄之念是有本质差异的，**梦想给人希望与动力，虚妄之念则让人迷乱与颓废。追逐梦想即是去妄存真的过程。**虚妄的想法来自哪里？走出虚妄的路又在哪里呢？来自于心理学方面的观点恰如黑暗旅途中前方的灯光，给我们走出迷乱的指引和勇气。

（1）在人与客观世界之间，横亘着意向世界，背离客观世界规律的意向世界即为虚妄。

（2）心理程序是意向世界的建筑师。

（3）人性向善，犹水就下。社会性是心理程序形成与改变的根本特征，心理程序是可以改变和调控的，每个人都有完善心理程序的内在动力。

（4）许多不切实际的虚念与妄想产生的根源，是知识欠缺与方法失当。

（5）坚持实事求是的思想路线是保证梦想行走于正途的根本。

我们先从"鱼牛的故事"谈起。

小池塘里住着一条小鱼和一只小青蛙，它们是好朋友。听说外面的世界很精彩，它们都很想出去看看。可是小鱼不能离开水，小青蛙只好自己出去探险了。

一路上，小青蛙觉得一切都是那么新鲜，它仔细地观察着这一切，想把这一切都深深地印在脑海里，因为它回去要跟好朋友小鱼细细地描述它的所见所闻。

终于，小青蛙结束了探险回到池塘。小鱼迫不及待地想知道外面的世界是什么样的。

"外面有很多有趣的动物，比如说牛吧。"小青蛙一边说一边比画，"牛是一种很奇怪的动物，跟我们长得不一样，喜欢吃青草，身体很大，比我们两个加起来还要大得多，头上长着两个尖尖的犄角，身上有着黑白相间的斑点，长着四条粗壮的腿，坚硬的蹄子，长长的尾巴，大大的肚子，还能产奶呢……"

小鱼惊叫道："哇！虽然我没有见过牛，但是听完你的描述我就像真的看见了牛。"它拿出纸和笔，立刻开始描绘它心目中的"牛"。

小鱼高高兴兴地把自己画的"牛"拿给小青蛙看，小青蛙看到后不禁捧腹大笑：画上的"牛"，是一条四条腿的、吃着青草、长着大肚子和长尾巴的斑点鱼，在鱼的头上还长着一对犄角……

小鱼运用自己的心理程序将青蛙给它的信息进行加工，画出来的"牛"与青蛙在岸上看到的"牛"有云泥之别。瑞士心理学家皮亚杰[①]用心理图式的概念解释这种现象。**皮亚杰认为每个人都有表征、组织和解释经验的心理结构，他将其称为认知图式**，认知图式处于变化之中。小鱼没有亲眼见过真正的牛，它从青蛙听来关于牛的碎片化的信息，然后凭借原有的心理程序对其重现，最后画出了"鱼牛"的形象。

如果小鱼能够亲眼看到牛，它就真的能够画出具有客观实在的牛吗？主体对客体的认识是极具思辨性的问题，各类学说给出的解释也不会相同。但在各方争论不休之中，有一点是显而易见的，**那就是个体对于客观实在的接近是一件不容易的事情**。

**人在认识世界时赋予世界意义**。也就是说，个体将自己原有的思维框架与其见闻感受相结合，形成了他（她）自认为具有某种意义的判断，并会按照这个判断去思考与安排自己的生活，这就是意向世界与意向生活产生的过程。本来就很多样化的世界，有了人的主观建构，越发显得丰富多彩、跌宕起伏。

每个个体的意向世界与意向生活都不尽相同。中国的诗词最能表现

---

① 让·皮亚杰（1896—1980），瑞士心理学家、教育家，发生认识论的开创者，被誉为心理学史上的巨人。他对儿童思维与智力发展进行了深入、系统的研究，认为认识的形成取决于主体与客体的相互作用，强调个体在认识生长过程中的积极作用。

意向世界中存在的主观印记，譬如关于春天的花，晏殊在《清平乐·春花秋草》中借"春花秋草，只是催人老，总把千山眉黛扫"表达感伤，冯子振在《鹦鹉曲·感事》中却是"看春花又看秋花，不管颠风狂雨"，何其安然洒脱。

　　从一定意义上讲，**我们是在意向世界过着意向生活**。人与人的交流是一个意向世界与另一个意向世界的互动，我们在自己的意向世界以及与周围的意向世界进行交流过程中，寻找并建立自己的存在。**人与客观世界的交流则催动着意向世界的变化，意向世界变化的轨迹就是我们逐梦的旅程。**

　　房龙①在其著作《宽容》的序言中讲过这样一个故事。

　　　　在宁静的无知山谷里，人们过着幸福的生活。永恒的山脉向东西南北各个方向蜿蜒绵亘。知识的小溪沿着深邃破败的溪谷缓缓地流着。它发源于昔日的荒山。它消失在未来的沼泽。这条小溪并不像江河那样波澜滚滚，但对于需求浅薄的村民来说，已经绰有余裕。

　　　　晚上，村民们饮毕牲口，灌满木桶，便心满意足地坐下来，尽享天伦之乐。守旧的老人们被搀扶出来，他们在荫凉角落里度过了整个白天。对着一本神秘莫测的古书苦思冥想，他们向儿孙们叨唠着古怪的字眼，可是孩子们却惦记着玩耍从远方捎来的漂亮石子。

　　　　这些字眼的含意往往模糊不清。不过，它们是一千年前由一个已不为人所知的部族写下的，因此神圣而不可亵渎。在无知山谷里，古老的东西总是受到尊敬。谁否认祖先的智慧，谁就会遭到正人君子的冷落。所以，大家都和睦相处。

　　　　恐惧总是陪伴着人们。谁要是得不到园中果实中应得的份额，又该怎么办呢？

---

　　① 亨德里克·威廉·房龙（1882—1994），伟大的文化普及者、出色的通俗作家，郁达夫称其笔有一种魔力。

深夜，在小镇的狭窄街巷里，人们低声讲述着情节模糊的往事，讲述那些敢于提出问题的男男女女。这些男男女女后来走了，再也没有回来。另一些人曾试图攀登挡住太阳的岩石高墙。但他们陈尸石崖脚下，白骨累累。

日月流逝，年复一年。在宁静的无知山谷里，人们过着幸福的生活。

外面是一片漆黑，一个人正在爬行。他手上的指甲已经磨破。他的脚上缠着破布，布上浸透着长途跋涉留下的鲜血。他跌跌撞撞来到附近一间草房，敲了敲门。接着他昏了过去。借着颤动的烛光，他被抬上一张吊床。

到了早晨，全村都已知道："他回来了。"邻居们站在他的周围，摇着头。他们明白，这样的结局是注定的。对于敢于离开山脚的人，等待他的是屈服和失败。在村子的一角，守旧老人们摇着头，低声倾吐着恶狠狠的词句。他们并不是天性残忍，但律法毕竟是律法。他违背了守旧老人的意愿，犯了弥天大罪。他的伤一旦治愈，就必须接受审判。

守旧老人本想宽大为怀。他们没有忘记他母亲的那双奇异闪亮的眸子，也回忆起他父亲三十年前在沙漠里失踪的悲剧。不过，律法毕竟是律法，必须遵守。

守旧老人是它的执行者。守旧老人把漫游者抬到集市区，人们毕恭毕敬地站在周围，鸦雀无声。漫游者由于饥渴，身体还很衰弱，老者让他坐下，他拒绝了。他们命令他闭嘴，但他偏要说话。

他把脊背转向老者，两眼搜寻着不久以前还与他志同道合的人。

"听我说吧，"他恳求道，"听我说，大家都高兴起来吧！我刚从山的那边来，我的脚踏上了新鲜的土地，我的手感觉到了其他民族的抚摸，我的眼睛看到了奇妙的景象。"

"小时候，我的世界只是父亲的花园。早在创世的时候，花园东面、南面、西面和北面的疆界就定下来了。"

"只要我问疆界那边藏着什么，大家就不住地摇头，一片嘘声。可我偏要刨根问底，于是他们把我带到这块岩石上，让我看那些敢于蔑视上帝的人的嶙嶙白骨。"

"骗人！上帝喜欢勇敢的人！"他喊道。于是，守旧老人走过来，对他读起他们的圣书。他们说，上帝的旨意已经决定了天上人间万物的命运。山谷是我们的，由我们掌管，野兽和花朵、果实和鱼虾，都是我们的，按我们的旨意行事。但山是上帝的，对山那边的事物我们应该一无所知，直到世界的末日。

"他们是在撒谎。他们欺骗了我，就像欺骗了你们一样。"

"那边的山上有牧场，牧草同样肥沃，男男女女有同样的血肉，城市是经过一千年能工巧匠细心雕琢的，光彩夺目。"

"我已经找到一条通往更美好的家园的大道，我已经看到幸福生活的曙光。跟我来吧，我带领你们奔向那里。上帝的笑容不只是在这儿，也在其他地方。"

他停住了，人群里发出一声恐怖的吼叫。"亵渎，这是对神圣的亵渎。"守旧老人叫喊着。"给他的罪行以应有的惩罚吧！他已经丧失理智，胆敢嘲弄一千年前定下的律法。他死有余辜！"

人们举起了沉重的石块。人们杀死了这个漫游者。人们把他的尸体扔到山崖脚下，借以警告敢于怀疑祖先智慧的人，杀一儆百。

没过多久，爆发了一场特大干旱。潺潺的知识小溪枯竭了，牲畜因干渴而死去，粮食在田野里枯萎，无知山谷里饥声遍野。

不过，守旧老人们并没有灰心。他们预言说，一切都会转危为安，至少那些最神圣的篇章是这样写的。况且，他们已经很老了，只要一点食物就足够了。

冬天降临了。村庄里空荡荡的，人烟稀少。半数以上的人由于饥寒交迫已经离开人世。活着的人把唯一希望寄托在山脉那边。

但是律法却说："不行！"律法必须遵守。

一天夜里爆发了叛乱。失望把勇气赋予那些由于恐惧而逆来顺受的人们。

守旧老人们无力地抗争着。他们被推到一旁，嘴里还抱怨自己的命运不济，诅咒孩子们忘恩负义。不过，最后一辆马车驶出村子时，他们叫住了车夫，强迫他把他们带走。这样，投奔陌生世界的旅程开始了。

离那个漫游者回来的时间，已经过了很多年，所以要找到他开辟的道路并非易事。成千上万人死了，人们踏着他们的尸骨，才找到第一座用石子堆起的路标。此后，旅程中的磨难少了一些。那个细心的先驱者已经在丛林和无际的荒野乱石中让人烧出了一条宽敞大道。它一步一步把人们引到新世界的绿色牧场。

大家相视无言。随后，人们解下马和牛的套具，把牛羊赶进牧场，建造起自己的房屋，规划自己的土地。从这以后很长时间，人们又过着幸福的生活。

几年以后，人们建起了一座新大厦，作为智慧老人的住宅，并准备把勇敢先驱者的遗骨埋在里面。

一支肃穆的队伍回到了早已荒无人烟的山谷。但是，山脚下空空如也，先驱者的尸首荡然无存。一只饥饿的豺狗早已把尸首拖入自己的洞穴。

人们把一块小石头放在先驱者足迹的尽头（现在那已是一条大道），石头上刻着先驱者的名字，一个首先向未知世界的黑暗和恐怖挑战的人的名字，他把人们引向了新的自由。

石上还写明，它是由前来感恩朝礼的后代所建。

山谷内外的世界不会因为人的祈祷而改变，人只能通过不断走出既有的意向世界，在更为真实与深远的背景中找到自己、实现自己。

梁漱溟①认为人在满足自己意欲需求时存在三种方式，即以西方为代表的努力向外获取的方式，以中国为代表的寻求内心与外部和谐的方式，以印度为代表的收敛自己意欲需求的方式。**向内、向外或是向内向**

---

① 梁漱溟（1893—1988），思想家、教育学、国学大师，被称为"中国最后一位大儒家"，在《东西文化及其哲学》中提出"文化三路向"思想。

外的结合孰优孰劣是难以评判的，但任何一种方式都承认变化，推崇人的精进之心。

意向世界如果脱离了客观实在即成为虚妄。佛学典籍中经常会提到虚妄，《金刚经》中提到"凡有所相，皆是虚妄"，戒除虚妄之念是佛学倡导的修习之道。佛学中的虚妄具有更深层的哲学含义，我们所探讨的虚妄仅仅占了其中的一层意思而已。但佛学中关于虚妄来源的阐释，以及祛除虚妄的修习之道，对于提升个人修养是大有裨益的。譬如，佛学将执着视为虚妄产生的主要根源之一，也就是说，如果一个人不能看到事物的变化，固守原来对事物的看法，就会被具体的表象所迷惑，远离事物的运动规律，以至于陷入迷乱而不能自拔。

### 安静的时候你在想什么

准备一本小小的笔记本和一支笔，在你安静的时候，将你脑海里浮现出来的各种念头记录下来，过一段时间后，譬如一个星期，评估你的记录。

（1）你的脑海会浮想联翩，还是一片空白？

（2）你的思维会专注于一件事物，还是在不同的事物间进行跳跃？

（3）你想到的是此前经历过的，还是自己编造出来的事情？两者各占多大比例？

（4）这种思考状态持续了多长时间？

（5）你会有意识地控制自己的思维吗？是否能将它转移到你最想考虑的事情上来？

（6）你会有意识地寻找所想事物之间的联系吗？

（7）对于你不喜欢的人或事，在你的脑海中，你会有什么样的故事情节对其再现或改造？

（8）你在脑海中会经常出现未来的自己吗？

人们往往从心态上去寻求答案，所以心灵鸡汤类的图书在书店畅销榜中占有重要位置。心态真的是决定性的因素吗？

　　**心态是一个模糊不清的概念，而且心态在更大程度上是结果，而非原因。**许多心理现象的产生是源自生理层面的原因。譬如抑郁症，长期以来人们一直将其视为心理疾病，以显著而持久的心情低落为主要临床特征的一种心境障碍，如果突然对周围的事物丧失兴趣，无愉快感，并且反复出现睡眠问题，就要思考一下自己是否患了抑郁症。现代科学研究证明，遗传、神经生化、神经内分泌、神经再生等方面因素与抑郁症有密切关联，2015 年 7 月 16 日，英国《自然》杂志公开发表的遗传学论文上，乔纳森·弗林特与中国及英国的科学家们通过大量的实验，确定了两个与重度抑郁症高度相关的遗传变异。在日常生活中，也有许多生动的例子，有规律的作息习惯与饮食习惯，会保证身体的良好状态，进而会有更加平和与开放的心态。**凡事自有因果，如果不能从影响心态的根本原因着手，选定努力的正确方向，则只能是临渊羡鱼。**

　　**无知即罪恶，**①　**努力是需要方法的，没有方法就没有路径，走出虚妄之境是极为困难的。**因为司机停车时开门不当引发的交通事故多有发生，有人将其称为"开门死"。除了讨论当事人法律责任孰轻孰重之外，人们往往会对司机的道德意识进行口诛笔伐，甚至会扩大到对中国司机群体道德水平的质疑。驾驶员在开车门时，仅仅通过后视镜转头查看，会不可避免地产生视觉盲区。而一旦驾驶员未注意到后方就打开车门，极有可能与后方骑行而来的非机动车发生碰撞。据报道，在自行车王国荷兰，为避免因开车门不当引发交通事故，司机被要求按照"荷氏开门法"操作。荷兰的驾驶员总是用距离车门较远的那只手开车门，这是避免类似意外的最佳开车门方法，也就是左驾用右手开，右驾用左手开，久而久之这种打开车门的方式就被称为"荷式开门法"。当司机

---

　　①　语出苏格拉底（公元前 469—公元前 399）。

换成离车门较远的那只手时，司机的上半身会自然而然地转动，头部和肩膀就会自然地向外看，眼睛会通过后视镜观察，然后转身的时候向后看，这一个完整的动作就能避免很多不必要的事故发生，无论后面来的是非机动车还是机动车。

我长期从事创业教育工作，经常会遇到学生因创意模糊而走进创业困局的情况。这种模糊性源自学生缺少精确思考的方法，如果善于运用科学分析问题的方法，就能大大降低失败的概率，譬如运用精益创业画布模型①对商业模式进行反思与修正。

### 找到让身体处于最佳状态的方法

留意身体状况，确定哪些因素会将自己带入疲倦、乏力、焦躁、忧郁等不良状态，进而找到远离这些因素影响的方法。

（1）什么样的食物更适合自己。

（2）什么样的食量更适合自己。

（3）晚上几点入睡能让自己第二天早晨充满活力地醒来。

（4）哪一种温度与湿度更让自己感到舒适。

（5）自己是否有诸如鼻炎、胃痛、牙痛、皮肤瘙痒之类的慢性病征？这些病征在什么情况下会加重？

（6）自己的酒量如何？醉酒之后的身体会有什么反应？

（7）什么样的健身运动适合自己？目前正在坚持的健身运动（如果有的话）可能会对身体造成什么伤害？

……

**心中的所有意念在现实中都有其存在之地**，没有无源之水，没有无根之木。我曾经将自己脑海中浮现出来的碎片逐个记录下来，虽然凌乱不堪，有些乍一看似乎与自己当前的生活风马牛不相及，但仔细思考，每一个想法都与过往的经历有密切联系。成为英雄是大多数男孩子的梦

---

① 精益创业画布的基本思想源自埃里克·莱斯的《精益创业》，与之相似的一个概念是迭代思维，两者均是应对环境不确定的方法。

想。我经常幻想自己进入一个充满冲突的情景，在其中自己是个英雄，仔细想来，无论是这个英雄的性格与能力特征，还是幻想中的情节，几乎都与此前看过的影视作品或书籍中的情节极为相似。近佛者佛常在，近魔者魔缠身。主动调整自己生活的环境对戒除虚妄具有很好的帮助，这里的环境包括物理空间、社会交往的圈子、阅读范围等。

**对于意念产生的"土壤"需要精心培护**，不妨问问自己：

（1）身边是否有值得我学习的对象？

（2）当我有困惑的时候，是否有一位长者能给予我指导？

（3）我的朋友们都在做什么？他们的所作所为对我是否有教益？

（4）我最近在坚持读书吗？我所读的书里有作者的真知灼见吗？

（5）我的信息来源渠道有哪些？这些渠道传来的信息是真实的吗？

（6）我喜欢什么样的电影、音乐、休闲活动等？它们可能对我的性格与身体产生什么影响？

（7）谁是我的榜样？我要向他或她学习什么？

（8）我了解自己所处的文化群落吗？

**对心理程序的调整是需要勇气的**，大多数人习惯于"解剖"别人，对于"解剖"自己则缺少勇气。俗语说"江山易改，禀性难移"，难改的不是禀性本身，而是人自己不愿意去改。有一位年纪不足 30 岁的邻居，整日抱怨自己的父母，说父母没有从小教会他如何与人打交道，导致他情商太低，以至于工作上多有不顺。情商主要是对自我情绪的管理与对他人情绪的尊重，并不是无法跨越的障碍，纵使是 30 岁去学习情绪管理也不晚。外部力量能造成沧海桑田的变化，但禀性藏于内心，如果自己不给自己施加力量，改变无从谈起。

所以，**戒除虚妄首要的是将自己的心打开，将自己的生活打开**，在与外部世界的沟通中，真意才能显现。

# 改变就是意义

在带教过程中，教导一名男生如何尽到工作岗位的责任，他虽然口头答应我了，但态度非常敷衍，很明显是不想听从我的教导。如果他后期能尽到该工作岗位的责任，那么我不会怪他，如果他懂得怎么做，我再说太多只会让他觉得烦。但是我后期观察到他仍然是没有做好工作。既然他不听我的话，那么我就做给他看，在高峰期指引顾客有序排队买单，指引完后，我就反问他："这不是你刚才答应我要做的吗？"这位男生没说话，我也不多说，让他好好回去反思一下。之后他都清楚什么时候该做什么事。人不像货品，货品是死的，你怎么管理它都不会反抗，但人是有思想的，要想教导好他们，就得对症下药，有的人需使用强硬的措施，有的人需使用软的措施。曾经我也烦恼过不懂得如何管理员工，但是我知道烦恼是没有用的，只有不断地想办法去解决问题才是王道。办法永远比问题多。

——摘自何同学的顶岗实习周记

企业导师对何同学的顶岗实习给予很高评价，认为她在实习前后简直是判若两人。为什么会这样呢？从以上摘录的周记中可以看出，重要的原因在于她乐于解决问题，而不是单单以烦恼应对不确定性。

并不是所有人都喜欢变化，能够积极投入改变或改革的更是少数，就个人生活而言，动静二者孰优孰劣真的难以评判；但从团队发展来看，**团队事业犹如逆水行舟不进则退，少数人对于变化的积极态度是团**

**队的灵魂，他们对于变革的坚持是团队能够持续发展的终极推动力量。**这里关于如何应对变化的探讨，不是基于一般人的个人生活，而是基于梦想者的憧憬，这个梦想者或许现在仅仅是一位店长储备干部，但在未来他将是零售革命的倡导者，甚至是发起者。

古希腊哲学家赫拉克利特说"人不能两次踏入同一条河"，世事如河，变化如斯。事业上有所成就并且收获快乐人生的人几乎都是**以开放的心态拥抱变化**。抱残守缺与故步自封的人往往自诩为"以静致远"，实际上是缺少面对变化的勇气，其所谓的"静"，不过是逃避的借口。

**如果相信世界会改变，自己就会自然而然地为改变世界贡献力量。**亚马逊创始人杰夫·贝佐斯说："不管是好是坏，以保守的心态思考问题不是我的做事风格，我从来不会想要在威胁中保护自己。"贝佐斯认为亚马逊企业文化最大的优势是：亚马逊可以接受在否定过去产品的基础上发明新的产品的观念。零售业是直面市场需求变化的行业，顾客希望企业不满于现状、不断前进。所以，相比于其他行业，零售业更乐于变化，因为变化就是机会。曾经有记者请铃木敏文用一句话形容 7 - Eleven，铃木敏文的回答是："7 - Eleven 是一家不断主动做出改变的公司。"

乐于变化与厌于变化的差异不在于变化本身，而在于应对变化的行动。**乐于变化的人执着于快速反应，他们的时间单位好像和普通人的时间单位不同**。苹果的创始人史蒂夫·乔布斯在听到下属达成一项目标可能会花费一个月的时候，他不以为然地提出不合理的要求："我希望你一晚上可以做完。"正是这种对于速度的执着，将"一个月"转换为"一天"，"一天"转换为"一个小时"，那些改变生活的变革才能变为现实。厌于变化的人大多也会看到变化，但他们在行动之前有太多的"预备动作"，好似一个不愿意学习的小孩子，在动笔之前总要通过一些磨磨蹭蹭的动作来缓解紧张情绪。

人人都希望乐于变化，但大多数人却厌于变化，原因何在？仅仅用天性去解释是片面的，更为主要的原因是路径与方法的问题，也就是说是否明了养成乐于变化心理程序的路径与方法。

牛顿第一定律认为，一切物体在没有受到力的作用时，总保持静止或匀速直线运动状态。然而在所能感受到的世界中，每个人每时每刻都要迎接各种力量的冲撞，有些是令人愉悦的，有些则带来了沮丧、伤痛甚至是毁灭。

眼、耳、鼻、舌、口等感官更喜欢能带来快乐的刺激，所以**我们容易被感官所控制，丧失追求更高智慧的动力**。① 大多数改变在最初的时候往往是苦涩而艰难的，所以，**一个不能超越感官控制的人难以有勇气直面世界的变化，更不会体会到变化的乐趣**。

缅怀过去毫无意义，我们长期以来认为的理所当然的稳定已经一去不复返。② 对于即将成为零售业精英的店长储备人才，需要在积极面对变化的过程中调适自己的心理程序，乐见变化，乐于变化。人生是痛苦与绝望的连续，我们应该学会从放弃开始。③ 放弃就是心理程序修习的途径。放弃什么呢？**放弃被感官控制的生活，让自己融入变化的大河之中，在积极的行动中逐步成为控制感官的智者与勇者**。④

### 业瑜伽⑤

"业（Karma）"是印度文化中产生最早，也是最基本的一个哲学、道德和宗教概念。可以说，整个印度各大流派的哲学和宗教学

---

① 印度古文化经典《薄伽梵歌》认为，被心意和感官控制的人只能建立低级的自我，对心意和感官的绝对控制是建立更高智慧的先决条件。

② 汤姆·彼得斯，著名管理学家，代表作是《追求卓越》。

③ 摘自日本作家五木宽之的《大河的一滴》。

④ 或许有人会问：失去感官的享乐，人怎么还能有积极应对变化的行动呢？这里提倡的是对感官的控制，而不是消灭，目的是为了超越低层次的、以自我为中心、被感官享乐控制的生存状态。

⑤ 瑜伽是一项运动，更是一种哲学，其所追寻的静并非孤寂的静，而是能够包含与驾驭变化的定力。此处文字摘自潘麟的《皇冠瑜伽——从身心健康到生命觉醒》。

说，无一例外的都是建立在"业"这一基础概念之上的。"业"的含义十分深奥而广泛，如果翻译成现代语言，"业"相当于"行为"，以及这些行为在当时或过后产生的相应的惯性力量和对这些行为产生的自动记忆。

业瑜伽（行为瑜伽）没有具体的修行方式，她不要求人们做一些具体的姿势、动作或呼吸方法等，而是把整个人生、整个生活、整个人类活动过程（身体的、语言的和精神的），以及整个自然界和宇宙的活动过程，一律视为修行的过程，也即觉知的过程。在此修行过程中，即在这些行为过程中，不断深入地觉知什么是善恶，什么是美丑，什么是对错，并通过全身心地投入扬善除恶，维护理性等与身、语、意相关的行为中，努力培养这种觉知，一直达到最后的觉知——开悟。同时伴随着由开悟必然而来的生命的自由。

行为瑜伽非常强调"行动"，认为实行一寸比空说十丈有用得多。故此派瑜伽力倡"人生不可在空谈中虚度，而是在行动中体验与实现"。在行动中、在实践中来实现自己、升华自己、开发自己和最终超越自己、圆满自己。

为了能够实现这个目标，业瑜伽十分强调修行者的参与意识，参与自己身心的一切活动，更要参与到整个社会、人类和自然界的一切活动中去，将这种参与视为"修行"的过程。在这些积极参与的过程中，业瑜伽更强调要对这些过程始终保持一种超脱的、冷静的观照意识，即"觉知"。一般人仅仅是生活，而一名业瑜伽的修行者，不仅是生活，同时，还要对生活始终保持着超脱而冷静的"觉知（观照）"。这就是一名业瑜伽修行者与一般人之间的根本差别。所以，业瑜伽在强调参与的同时，也同样强调修行者要时常一个人独处，在高度宁静和超脱的状态中，反思此前自己或他们或整个人类在身、语、意这三个领域的一切行为，并在这些持续的反省反思中，提升自己的观照和觉知能力，以及理解和洞察能力。

# 假设—执行—验证

　　算一算日子，我在艾慕已经有两个月了，再过一个月如果还没有成交一单的话就要被淘汰了，我心里很清楚"五一"活动或许是我最后的机会。在活动前两个星期我已经积累了5批意向客户，并做了详细的跟踪。21号活动开始后我第一时间给意向客户发了信息，并且确认他们的意向产品。前期这些工作都做到位了，我觉得下个星期我的业绩肯定会有所突破，趁着现在还有时间，我每天都制订计划，熟悉产品卖点，记价格、尺寸，每天都很充实。希望我做的这些准备可以为我带来好的结果，期待！

　　……

　　在这周的"五一"活动中，我终于开出了两个多月来的第一单。这个单的顾客是我在三月份展会期间接到的意向客户，房子在深圳，我接待后一直有跟踪记录，"五一"活动前我给他发了一个信息，告诉他活动的内容，还给他推荐了款式，然后他就答应过来看看。这第一单看似很顺利，但是没有人知道我为了记录跟踪这样一个意向顾客花了多少时间，总是要不断找话题跟他聊，了解他的更多更深层的东西，包括琢磨他的消费心理，一路过来都挺不容易的。接下来的一周我要争取更大的进步，希望能总结经验，不断向前，把业绩做漂亮，发挥自己最大的实力。

——摘自方同学的顶岗实习周记

方同学能清楚工作目标，据此设计方案并能认真落实，做完以后会总结与反思，他考虑问题的方式是连续的，对顾客的关注也表明他的思维是敏锐的。对于尚处于实习期的学生而言，能做到这些已是非常难得。涉世之初，有不少人在工作时会出现思虑不周的问题，概括起来有以下三种情况。

第一种情况是事前缺少设计，也就是说在没有完整方案的情况下就急于操作。

第二种情况是执行不力，不能将想法付诸实践，或者是虎头蛇尾，不能持续推进。

第三种情况是不能"善终"，总结不到位，不能妥善处理后续事宜，与计划缺少呼应，与未来的工作不能有效衔接。

人的一生由许多事件构成，如果将每个事件的解决过程视为一个思维的循环，那么**人生也可以被描绘成由诸多思维循环前后相继所构成的链条**，这个链条的强度是越来越大还是越来越小，取决于后一个循环是否会比前一个循环更有解决问题的能力。对于思维缺少连续性与敏锐性的人而言，他的思维链条随时可能断裂，思维能力在逐步退化，对应于事业则是不断的错误与失利。

2015 年暑假，我带女儿去珠海东澳岛玩，总体而言，那是一次愉快的旅行，但因为我在旅行攻略方面的疏忽，这次旅行也给我们留下了更为深刻的印象。

我想到要预订船票，但却以为去东澳岛的船票会很好买，就放弃了预订的计划。当我们到码头时才发现船票很紧张，只买到了晚班的船，等候耗费了很多时间。

我也想过查询岛上的住宿情况，但却自信地同女儿讲岛上的住宿会很好解决，也就没有查询，更没有预订。当我们到了岛上以后才发现宾馆的价格超高，而且找不到喜欢的房间，我们两个只好租了帐篷过夜，盛夏的夜晚，湿热难耐。

我以为……

有许多次类似的情况出现，我认为已经对问题有了充分了解并且已经有了解决问题的办法，但在真正面对问题的时候，却发现自己只是走了一半的路，根本没有真正地了解问题，所谓的解决方案也只是一个模糊的想法而已。为什么我的思路会出现断裂？会在中途止步不前呢？

在教学过程中，与我有类似困惑的学生并不少见。他们常常凭借以往的经验做出判断，会想当然地认为自己已经做到了，实际上他们一直在问题的外围绕圈子，根本没有摸到门道。这样的思维与行动方式是可怕的，如果不加以改变，思考能力与行动能力会逐渐退化。

要改变这种状况需要从两方面对自己进行训练，**一方面是训练思维的敏锐性，另一方面是培养将思考转化为行动的主动意识。**

**惰性是妨碍思维敏锐的障碍，**身体状况、工作内容、周围的环境等都可能带来惰性，而影响最大的，也是个人可以主动调适的因素是个人习惯。我们的生活大多数情况下是日复一日的重复，习惯就是在不知不觉中养成的，譬如阅读的内容、吃的食物、每天行走的路线、看待问题的角度、表达的句式结构等。这些习惯会强化某一方面的思维，同时也会使得另一方面的思维能力弱化。有意识地锻炼自己的大脑，给大脑有效的刺激，改变现有的某些习惯，人的大脑就会更加敏锐。这些锻炼并不是硬性地训练或过度地学习，它是指平时可以做的简单易行的操作。比如，上班的时候不要每天走同一条路线，经常照镜子，不要吃得过饱，写日记，敢于说"不"等。①

---

① 锻炼大脑的关键是要具备不安于现状、勇于挑战的积极态度。日本平成生活研究会编著的《越来越聪明，效果惊人的轻松健脑术》，倡导在每天的日常生活中给予大脑一些刺激，有意识地锻炼大脑。

## 用二分法的标准区分人类

日本著名记者立花隆[①]认为："将具体转化为抽象，将抽象转化为具体，在具体与抽象的循环往复中抓住现实，这是磨炼智慧必须付出的努力。"他提出了一种培养思维灵活性的方法，即用二分法的标准区分人类。例如，将人分为男与女、大人与小孩、傻瓜与聪明、从上方剥橘子皮的人与从下方剥橘子皮的人等，如果在一个小时之内举出 100 种以上的标准即为合格。倘若继续这样细分下去，将会形成与最初举出的100 种标准差别很大的结果。而这一系列的思考过程其实就是一种很好的智力训练。

仅仅会捕捉变化对事业并无太大助益，**关键点在于从变化中预测未来，环环相扣地思索应对变化的方法，并在实践中修正与完善，如此循环往复才会萌发新的机会**。从变化中读懂"未来"，建立"假设"后"执行"，再对结果进行"验证"，铃木敏文认为在平日的工作中坚持重复"假设—执行—验证"的过程，是其在 7 - Eleven 取得成功的关键。[②]

铃木敏文运用"假设—执行—验证"模式让 7 - Eleven 成为一家不断主动做出改变的公司，在不断的学习中，公司建立了与大企业相匹配的心智模式。

设计让顾客满意的产品时，一定要站在顾客的角度，从建立假设开始一步步按流程执行。不过在建立假设时，很多人都会陷入"为了顾客（指从卖方立场考虑顾客需求）"的错误思考模式。零售连锁企业一般都会有自有品牌，业内称之为 PB（Private Brand）战略。7 - Premium 是 7 - Eleven 的自有品牌产品，也是公司第一热销梯队中的一种。"特

---

① 立花隆日本著名记者、作家，1974 年，其撰写的《田中角荣研究：他的财源和人脉》揭露田中角荣首相的"金权政治"，成为引燃舆论迫使田中内阁下台的导火索。

② 铃木敏文. 零售的哲学［M］. 顾晓琳，译. 南京：江苏凤凰文艺出版社，2014.

色饭团"是 7 - Eleven 在 2001 年推出的产品，最初推出的"黄金鲑鱼饭团"和"鲑鱼子饭团"的定价分别为 160 日元和 170 日元，其价格远高于普通饭团，但销售非常火爆。当时的日本正值通货紧缩的经济环境，众多公司陷入了大幅降价的恶性循环。在这样的情况下，铃木敏文提出开发新的饭团产品，初步核定价格接近 200 日元。公司内部的人非常反对将饭团定位于高价，他们坚持应该降价销售，而价格下降的条件就是降低饭团的品质，因为原来的饭团选用的是高端食材。铃木敏文认为降价的想法是典型的"为了顾客"的思维，而不是"站在客户立场"。如果从消费者的立场考虑，就能理解在产品过剩、消费饱和的时代，相比于价格的高低，产品是否具有新的价值才是决定购买行为的关键。因此，不管成员赞同与否，铃木敏文坚持让他们执行研发工作。最终，严选海苔、大米及馅料作为食材，配以精致的日本包装纸制成的"特色饭团"就这样诞生了。即使面对的是通货紧缩环境，"特色饭团"还是令当年饭团类的销售额同比上一年度提高了两位数的增长率。对于"特色饭团"的经营案例，铃木敏文的总结是：作为卖方，绝不能轻易被竞争对手的动向或时代的大趋势打乱步伐，只需像进入公司前一样，单纯地站在顾客角度思考就行了。

**是什么阻止我们直面变化呢？答案是"我"的意念。** 对于自我意识的固执是限制"假设—执行—验证"模式的最大因素，因为针对自我的关注，会让做出的假设难以脱离定式，执行与验证有可能成为进一步强化原有定式的力量。所以，我们越是能在头脑中清空"我"的意念，我们就越能迅速地做出对变化的回应。

**清空"我"的意识并不仅仅是抽象的理念，而是有许多具体的方法。** 帮助星巴克实现跨越式发展的霍华德·毕哈在其《星巴克——一切与咖啡无关》中总结了他如何使用倾听的方法。例如，在星巴克的公开论坛<sup>①</sup>上，为了防止自己的权威妨碍自由表达，他只会抛出议题，然后就是努力保持安静。

依据弗洛伊德的观点，我是由"本我""自我"和"超我"构成。<sup>②</sup> 这里提醒要清空"我"的意识，并非要压抑人性，而是**强调对"本我"的调适与管理，增强"自我"的能力**。

（1）你会想到什么就去做什么吗？

譬如你正在写一份文件，突然想要听歌曲，于是就停下写作去网上找歌，然后你一边听歌一边写作。歌曲很打动你，你想学唱这首歌，说不定将来可以在 KTV 里一展歌喉，于是你将歌词打印出来放在旁边，一边写作一边听歌一边看歌词。

（2）你会控制生活的节奏，还是被生活的节奏所控制？

居家生活有诸多事物要处理，年长的人经常讲的话就是"家事如天"；工作中也会有许多事情要忙，领导交办的、同级协办的、下属请求的等事务如同滚雪球一样会越滚越大。所有这些事情的进展都有一个节奏，这个节奏是你能控制的吗？

（3）你的情绪在什么情况下会失去控制？

你了解自己的情绪吗？兴奋、平静、激动、愤怒、哀伤等情绪在什么情况下会被触发？如果你是一个容易激动的人，有什么办法可以让你保持克制？

（4）对于重要的事情，你是当机立断、犹疑不定、由他人决定还是征求相关人员意见后自己决定？

一个人经常要判断与选择，针对的事情可能有轻有重、有急有缓，在此过程中是否受到他人的影响？这些决定是由你自己做出来的吗？是

---

① 星巴克在全美举行的会议，星巴克鼓励企业里的每一个人都来参加这个论坛。

② 弗洛伊德在《自我与本我》中提出"自我""本我""超我"的概念，并对三者的关系进行诠释。

感觉让你做出了决定，还是理性思考发挥了关键作用？在你所有的决策中，理性决策多一些还是感性决策多一些？

（5）你是一个见异思迁的人吗？

回想过往，自己是否曾经专注地做过一件事情？是否因为经不住诱惑忘记了初衷，放弃或偏离了曾经的主业？出现这种变化是因为新的选择更好吗？是什么主导了你的选择？

（6）面对别人的质疑，你会理性应对吗？

你会耐心地倾听吗？你能区分对方所说的话中哪些是事实？哪些是情绪？哪些是判断吗？你能区分对方所说的话中哪些是针对事？哪些是针对人吗？你能区分对方所说的话中哪些是无法接受的吗？你能区分对方所说的话中哪些是现在必须要回应的吗？

（7）你的身边是否有"镜子"？

见贤思齐，见不贤自省。你是否有自我反思的习惯？

# 贯彻基本与细节灵活

因为店铺十点钟开始营业，所以在九点半的时候我们就要开始整理卖场，打扫卖场内的垃圾，顺便将上不了架的货品放到太空箱或者仓库去，然后就是打开电视机和电脑。尴尬的事情出现了，我不知道开关在哪里，因为有好几个主机的缘故，又害怕一不小心关掉了店里的监视器，就只能打电话求助，最后在老当班的指点下顺利解决了，终于可以顺利开门营业了。这时店里来了一位顾客，他本来没打算买多少东西，但当他知道在店里消费满 100 元可以免费停车 3 小时之后，马上就选购了更多的商品，逛了很久之后就来买单了。因为收银员还不太熟悉收银事务，所以商品过机不小心少了一个商品，顾客表示不理解，说自己算了的确有 100 元，我就把所有商品看价格口算了一遍，在我还没有算完的时候，收银员竟然按了收银机 F1，本来他是想按 Esc 返回的，按错了，我在想这不是逗我么？就这样把不够一百元的商品给弄成已现金买单的状态了。这怎么跟顾客交代？怎么交代！！！

——摘自胡同学的顶岗实习周记

胡同学是在实习阶段经历了上述令人抓狂的事情，而有些同学在工作后会长期处于这种状态，扯不断理还乱。如何适应与应对变化和不确定性是每个刚入职的人都要面临的。万千事务各有不同，想要提前准备好能化解各类挑战的锦囊妙计几乎是不可能的事情。但纷繁变化之中也会有规律可循，期间对同学们最大的要求就是坚持学习。

采用现代学徒制方式培养零售店长，是管理学院职业教育的总体定位，自 2014 年以来，学院与深圳百果园实业发展有限公司、赛曼集团下属的名创优品等零售连锁领军企业合作，开设现代学徒制店长班，已经有数百名学生通过学徒渠道成为零售业的储备干部，部分优秀学生成为公司区域市场负责人。在成为学徒的初始阶段，为期大概半年，指导教师、学生以及企业管理人员都要面临巨大挑战，因为会有相当一部分的学生感到不适应，甚至会提出退出学徒制的申请。

从校园到企业，从学生到职员，从事事皆有安排到自己独立决断，在改变之中感受到压力是合乎情理的。正如杰夫·贝佐斯所说："深陷任何困境都是有价值的。"那些长时间处于彷徨之中的学生并非没有上进之心，而是不知道如何在变化中找到自己的位置，不知道如何应对眼前困惑与未来期待之间的矛盾。

沃尔玛、星巴克、亚马逊、7‑Eleven 等企业的经营哲学无不崇尚变化，但更值得学习的地方是这些企业都坚持用简单而朴素的原则，引领团队在变化之中沿着正确的方向前行。简言之：**贯彻基本、细节灵活**。

多数成功创业者的共同特点是在发现机会后便立刻采取行动，贝佐斯也毫不例外。在那个图书销售商还不了解电子商务的时代，贝佐斯能意识到电子商务的巨大潜能并采取行动，表现出其卓越的决断力。更令人佩服的是贝佐斯能脚踏实地坚持亚马逊的**"造就原动力的三原则"**。

（1）以顾客为中心。

（2）坚持发明。

（3）以长远的眼光思考问题。

贝佐斯曾说过："竞争对手无法模仿企业文化。"他心目中的企业文化是：既充满紧张感，又能使人心情愉快。"造就原动力的三原则"是贝佐斯经营建设亚马逊文化的纲领。他从未明确表示过未来会从事何种商业活动，但经常声称自己要坚守上述三个原则。

互联网世界的变化速度十分迅捷，亚马逊却能坚持从长远的视角上开展商业活动。"如果必须在 3 年内完成所有工作，就要同诸多企业展开竞争。但是，如果将时间定为 7 年，就可以只同一部分企业进行竞争。像这样延长时间轴的话，就有可能开展目前无法实现的事业。"亚马逊创立以来长期处于亏损状态，但即便亏损也要为顾客提供优质服务，这就是贝佐斯对基本原则的坚守。①

7&I 集团的两项核心原则是**"应对变化"**和**"贯彻基本"**。为了成长，必须积极应对变化，这就是铃木敏文所要贯彻的"基本"。他自己也要求公司职员坚持从顾客的立场去思考与行动，在应对变化中捕捉机会。

为了获得灵感和创意，铃木敏文平时坚持做两件事情。一是把自己置身于信息中，例如回到家打开电视，坐车就收听广播。他认为丰富的信息有助于保持问题意识。二是在众人面前演讲，他认为演讲能让头脑在短时间内快速运转，让人灵光乍现。铃木敏文所关注的会议主题大同小异：其一是把握销售动向，从而提高订货的精准度；其二是门店和员工是否根据顾客不断变化的需求做出改变。他几乎在每次会议上，从不同的角度切入，不厌其烦地向店铺经营者反复强调上述两点的重要性。

顺应变化并非随风摇摆，更不是投机钻营。铃木敏文在执掌 7&I 集团时视变化为生命，但同时坚持企业哲学的稳定性。经营的过程过于执着于出奇制胜或乘虚而入是无法长久的。

"我在生活和工作的时候，一直很努力地追寻一句中国格言中所包含的精神，这句格言就是：'一年之计，莫如树谷；十年之计，莫如树

---

① 亚马逊创立初期一直在烧钱，外界对亚马逊冷嘲热讽，不少投资分析机构预计亚马逊的末日即将来到，贝佐斯辩解：谁说我要盈利呢？我可是在做一件大事。2017 年 3 月，贝佐斯超越巴菲特成为世界第二富豪，这时的贝佐斯说：赚钱太容易，我还是上天吧。他现在考虑如何能用更便宜的价格将更多货物送上太空，从而让人类能够在那里居住。

木；百年之计，莫如树人。'"① 星巴克努力坚持人性化管理，多次被评为全球最佳雇主；在员工流失率居高不下的零售业，星巴克的门店经理一直保持个位数的流动率。

星巴克创始人霍华德·舒尔茨有一句名言：**"知其大，守其小。"**（使事业不断壮大，但坚持规模最小时的理念，通俗地讲就是不忘初心。）在商业领域，有太多的企业在规模扩张以后抛弃了最初对人性的敬畏，成为彻头彻尾的拜金主义者。星巴克能一如既往的坚守，一方面是因为其经营者自身的偏好，更为重要的是企业在不断发展中获得了更大的、通往成功的智慧。星巴克的领导者们认为：我们不能只为了自己去极力追求或是留住某个事物，除非我们能使其他人也分享到它。

给企业里每个人寄送生日贺卡是星巴克的一个传统。霍华德·毕哈引退的时候，每个月寄出的卡片超过 2 500 张，他每次坐飞机或者看电视的时候，都会给卡片签名，并写上一些需要注意的内容。这种做法看起来不值一提，但霍华德·毕哈认为这是一件大事情，因为，送贺卡背后隐藏的理念是，我们必须找到切实可行的方法来表达彼此之间的关心。

山姆·沃尔顿在其自传中说：**我们的经营原则没有任何深奥之处，实际上，这些普通的道理在任何管理方面的图书或文章中都能看得到，但是在沃尔玛，我们能够执行得更好**。山姆努力推动沃尔玛的人能够"think small"理念，他认为"think small"是一种生活方式，甚至是一种痴迷。让沃尔玛"think small"的方法被山姆概括为以下六条。②

（1）Think One Store at a Time.（在同一时间仅考虑一家店。）

（2）Communicate, Communicate, Communicate.（沟通，沟通，还是沟通。）

---

① 霍华德·毕哈. 星巴克——一切与咖啡无关［M］. 徐恩源，译. 北京：中信出版社，2008.

② 为避免因为翻译不当扭曲了原文语义，此处直接引用《Sam Walton：Made in America》中的原文。

（3）Keep Your Ear to the Ground.（聆听来自基层的声音。）

（4）Push Responsibility and Authority Down.（责任与权力下放。）

（5）Force Ideas to Bubble Up.（让想法充分表达。）

（6）Stay Lean，Fight Bureaucracy.（坚持精明，打击官僚。）

**"贯彻基本"是对问题解决方法的原则性设定**。一件事情究竟是高尚的还是卑劣的，并不完全取决于做这件事情要达到的目的，还取决于做这件事情的方法。在门店服务过程中，顾客有自己要达到的目的，店员工作时究竟怀有什么目的并不是顾客关心的事情，顾客能够感知的是门店人员提供服务的方法。在团队协作中也是如此，每个人都希望通过团队平台实现自己的所求，团队规则并不是要改变个人诉求，而是通过为工作方法设定原则，将个人能量释放出来，将个人行为协调起来。

所以，诸如目的、目标、追求等体现结果的表述并不适合作为"基本"去贯彻。

### 练习讲故事的能力

通过练习讲故事的能力，有助于一个人发现与建立事实背后的智慧，将思维从简单的认知模式引导到更深的层次。以下几种从现实生活找故事的方法对于入门的人或许有所帮助。

（1）寻找故事模板。

（2）寻找过往生活中特别好或特别坏的结果，看看它们对你现在的生活有什么影响。

（3）寻找你生活中的危机，表达出你得到的教训。

（4）回忆对你有所触动的故事，在这个故事的基础上来编新故事。

（5）谈谈你的弱点，围绕弱点讲讲曾经发生的事情。

（6）幻想未来。

# 沉下来做事

在考核过后，我在店铺就开始做当班了。说真的，一听到这个消息我就已经觉得压力很大了。我知道在第二阶段需要学习管理，但是我觉得太快了，因为我还有很多方面的知识没有掌握。

我有自己的管理原则，就是以身作则，要想管别人就必须自己先会做这件事。在卖场里有很多的陈列知识我还没有掌握，所以会很难指导其他人去调整陈列。而且像我们校企合作生，经过三个半月的学习，一次考核过后就能当上当班，相信很多员工是不服的。

刚开始真的是很辛苦，跟当员工的时候完全不一样。店长给我权力，但我却管理不好员工以及其他大大小小的事，管理员工时会因为管理不当而导致员工有小情绪。我是真心想把每一件事情做好，做到完美，但中途总会出现一些小差错。虽然那段时间的状态不是很好，但后来还是调整了过来。我把自己所做的事情都反思一遍，为什么状态会这么不好，究其原因就是我太容易钻牛角尖，老是想着不好的事情。后来我用这句话一直提醒着自己："与其在那里浪费时间钻牛角尖，不如花时间想想如何把事情做好。"放宽心以后，做事感觉也好多了，多积累经验，不会的做到会做为止。

——摘自何同学的顶岗实习周记

小小一家门店，工作内容不仅繁杂，而且经常处于变化之中，这对刚入职的大学生而言是极大的挑战。许多人会感到无趣、沮丧、委屈，会埋怨社会太"现实"，会指责学校的校企合作制度，会选择逃离。新零售的发展蓬勃如春，但等候"开往春天的地铁"却一定要经历凄风冷雨。

**人生的道路看似漫长，但紧要处常常只有几步**，特别是当人年轻的时候，[①] 会将更多的注意力放在远处，稍不经心，眼前最紧要处的几步便在心浮气躁中失去了平衡，偏离了轨道。虽然有"东隅已逝，桑榆未晚"的说法，但千里之行的方向却是由足下的基础所决定的。在职业发展方面，入职初期的选择对一个人的职业成就与职业幸福感具有重要影响。

我们如何认识入职初期的各种不适？什么方法与策略能帮助我们沉下心来做事？

这些年指导毕业生顶岗实习，也会跟踪毕业生的就业情况。那些在毕业两年后能成为基层或中层管理人员的学生，基本是坚持服务于一家公司；而那些仍然四处寻找工作的学生，他们在顶岗实习阶段就会频繁更换实习单位。

> 公司的领导似乎不重视我……
>
> 目前的工作太乏味了，根本就不是我想要的生活……
>
> 我向往大都市，而目前的企业是在一个小县城，虽然它是一家大型的现代化企业……
>
> 不知道干什么，没人教我……
>
> 同事之间似乎都有所防备，融入好困难，好想念学校的同学……
>
> ……

频繁更换工作的学生难以从类似上述的问题中解脱出来，他们会选择通过"跳槽"来为自己寻找一个"舒适区"，而结果往往是越来

---

① 引自柳青的《创业史》。

不舒适。

做得不开心，看不到希望，为什么还要坚持呢？

年轻人不是应该敢于挑战新事物吗？

目前的工作与我的理想相去太远，难道我不应该追求自己想要的吗？

与这些频繁更换工作的同学交流，会发现他们会表露出焦虑，当然也会给出自圆其说的理由。当然，也有**一些学生会表现出对什么都无所谓的态度，事实则是他们很在乎，只是因为找不到办法，所以选择了"无所谓"。**

山水画大师黄宾虹关于学画曾有这样的表达：

"蝴蝶之为我，我与蝴蝶，若蚕之为蛾，卵化以后，三眠三起，吐丝成茧，缚束其身。如不能钻穿脱出，甘为鼎镬，便要死于茧中，如能钻穿脱出，化为飞蛾，便可栩栩欲飞，何等自在？……学画者当作如是观。"[1]

**没有作茧自缚，又怎会羽化成蝶，相比于成蝶时的自在，三眠三起、成茧束身更具有气度与勇气。**

**对因果律的不当认识是诸多困扰产生的主观方面的诱因。**譬如过于计较结果，却忽略原因；一心向往终点，却不顾过程本身的精彩；简单地将时间理解为一条直线，前面是未来，后面是过去，前面的就是原因，后面的就是结果。由此形成的认识与行为层面的选择极易忽视当下的人和事，减损我们对当下与过程的兴致。

有这样一道测试题目：在一块土地上种四棵树，使每两棵树之间的距离都相等。如果你是考生，你会怎么排布呢？正方形、菱形、梯形……都行不通。出题人给出的答案是：其中一棵树可以种在山上，与其余三棵树成金字塔结构。茧是蝶化中的蝶，蝶是茧化中的茧。如果我

---

① 岭南画家赖少其与黄宾虹交谈，摘自《南方都市报》，2017 年 5 月 22 日。

们能调整自己的心理程序，改变有孤立的"点式思维"观察与理解事物的方式，生命境界会大大拓展，许多困扰也会随之消失。

**自我保护是人的天性，寻找心理舒适区是人的自然反应。**舒适区是现代西方认知心理学的一个概念，是指人们一定限度的感知与联想的范围，在这一范围里，个体或组织能有效地运作，不会出现不自在和恐惧，因而感觉舒适。① 美国人诺埃尔·蒂奇（Noel Tichy）把人的知识和技能层次划分为舒适区（comfort zone）、学习区（learning zone）和恐慌区（panic zone）（见图1）。

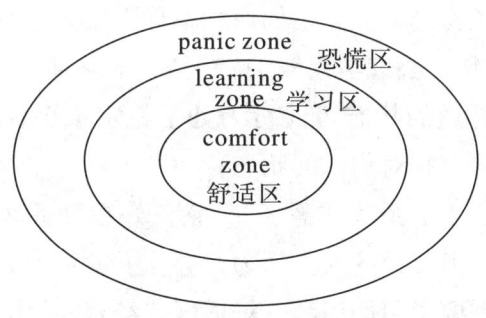

**图1　知识和技能的三个层次**

将知识和技能区分为舒适区、学习区、恐慌区并没有把握问题的关键，因为静态的知识或技能并不具有情绪化色彩。同样若去一个陌生的地方旅行，自由行会给人更大压力，如果有导游陪伴，压力就会降低很多。同一时间、面对同样一个任务，譬如模拟应聘情境下的自我介绍，有的学生能从容应对，有的学生会表现得手足无措。一个人在小的时候受到父母的呵护，它会感到安全，但当他长大以后，父母的呵护可能会让他感到束缚。所以，**舒适区、学习区和恐慌区的具体范围是什么，是由个体特征、任务特征与情境特征综合决定的。**

---

① 朱巧伦. 走出舒适区，跨越职业高原［J］. 人力资源，2006（21）：76 – 77.

**舒适区是处于变化之中的**，因为每个人会有生老病死的生命周期，每天要应对的事务都会不同，生存的环境也会改变。一个学生从幼儿园到大学，期间的许多事务都是由父母与教师代办的。大学毕业后要独立面对生活的诸多问题，选择什么样的工作，如何与陌生的同事相处，如何在竞争中获得自己的位置，如何回应家人对自己的期望等。心理方面的舒适区与物理方面的舒适区都会有重大变化，由此会产生诸多的不适应。

人喜欢生活在舒适区，人也应该努力让自己生活的范围更加舒适。虽然有观点认为舒适区可能会削弱人的适应能力，甚至有人将生活在舒适区比喻为温水煮青蛙，但无论如何，不舒服成为常态的观点难以让人接受。早在 1908 年，心理学家罗伯特·M. 耶基斯和约翰·D. 道森解释过，**一个相对舒适的状态可使行为处于稳定水平，从而得到最佳表现**，但是我们需要有相对焦虑的状态，即一个压力略高于普通水平的空间。这个空间被称为"最优焦虑区"，它正好在舒适区之外。太多的焦虑和过分强调生产力导致的太大压力，会让人的行为表现迅速变差。

所以，**我们需要学习如何经营舒适区，经营的目的不是为了跳出舒适区，而是为了扩大舒适区**，降低其负面影响，让目前的舒适在环境与任务改变以后仍然可以持续，增强其对个体可持续发展的贡献。

爱在左，情在右，在生命的两旁，随时播种，随时开花，将这一路长途点缀得花香弥漫，使得穿花拂叶的行人，踏着荆棘，不觉痛苦，有泪可挥，不觉悲凉。[①] 如果将目光与感觉倾注于枝叶对肢体带来的刮擦，这一路一定是龇牙咧嘴的忍耐。**经营舒适区的关键在于找到"舒适因子"，即舒适感的驱动因素**。在逃离之念萌生的时候，不妨问问自己：

（1）最初让我留下来的是什么？这些因素还在吗？

---

① 引自冰心赠葛洛的诗。

（2）是什么因素让自己感到不适？这些因素是最近才有的，还是以前就有？

（3）吸引自己的人、事、物等是否可以进一步扩大，还是在逐渐萎缩？让它们产生变化的原因是什么？是外部力量的影响，还是自己发生了变化？

（4）在更换环境与调适自己之间，哪一种方式能从根本上解决问题？

（5）自己所关注的根本是什么？

（6）我是在经营自己的兴趣，还是在帮助老板打理他的生意？

李嘉诚在汕头大学 2017 届毕业典礼上送给青年才俊们一句话：**道力之限，要靠愿力突破**。对于刚刚步入社会的大学生，大多数人的道力都是浅薄的，如同一棵小树，扎下根来，汲取营养，才会有枝繁叶茂，才会有参天之势。

愿力需要种子和萌发的力量，那些能够让我们对生命充满希望与乐趣的——朋友、学习的机会、美丽的环境甚至是可口的饭菜等，就是种子，就是萌发的力量。或走，或留，都是为了它们。

# 专业素养

　　最近几周，公司都会有爆品，比如这周的西梅，原价23.9元一斤，活动价只需16.9元一斤，因为是搞活动的果品，不赚钱的，所以我们门店并没有注重推这个西梅。这个果品每天营业额在1 000元左右，其他门店都能卖3 000元。于是我们被片区经理批评了，片区经理说我们门店缺少门店作战计划，战壕小黑板①没有具体的个人目标。片区经理说的没错，刚开始我们门店的战壕小黑板做得非常不到位，经常是没有人填写，店长也不注重这方面，认为做好销售就可以了，就是因为这样搞得我们员工都不清楚"四轮驱动"果品是什么，把握不好导购的主要果品。所以这段时间，我们经常被片区经理抓着来说，之后我们店长就严格按照公司要求来完成门店的作战计划，严格按要求填写战壕小黑板。这样一来，员工们都清楚了门店的四轮驱动果品以及这段时间的销售目标，销售起来显得更加具体化，门店的业绩也有了很大的提升。

——摘自潘同学的顶岗实习周记

　　**工匠精神离不开专业**。专业是大学阶段学习的核心内容，师徒制也是以专业为中心内容。在接受大学专业教育以后，面对实践中的问题，如果一个人持有的态度、思维程式以及具体解决方案并没有显现出专业性，虽不能断言其大学生活是失败的，但可以说其在专业学习方面还有

---

　　①　战壕小黑板是指导门店每天运营的工具，会详细记录每天的"作战计划"（主推产品、销售目标、问题和不足等），让店员工作起来有方向、有比照。

很大提升空间。

什么是专业？技能是专业的全部吗？怎样学习能有助于提高自己的专业素养呢？对于以在岗学习为主的零售门店学徒，在专业素养修习方面需要注意什么问题呢？

或许有人会对这些问题嗤之以鼻，因为有些调查数据显示情商才是最重要的，所谓的专业能力在很短的时间内就能学会。在有些领域，特别是服务业，情商本身就是专业素养的重要内容，因此，将情商看得很重是保证专业服务质量的基本条件。除此之外，**那些认为情商高于专业素养的人可以被认为是"阴谋家"**，他们依靠投机取巧与外表的装饰来捕获顾客订单，产品的品质对于他们只不过是一套说辞而已。

专业就是对顾客的承诺。[①] 顾客对向其允诺的人会印象深刻，背弃诺言的人会给顾客留下更深的印象。

专业是一种符号，它是一个群体社会存在的特定表达形式，它源自分工，并在交易（交换）中显现。因此，专业一定是可以被感知、被体验的。我们在日常享用服务的时候，会从服务人员的言谈举止中体会到专业方面的差异，会下意识地将服务人员的表现与这家企业所宣扬的理念相比较，评判那些宣传出来的诺言有几分能够实现，这会决定我们下一次是否继续光顾。

有一次拔火罐的经历给我留下了很深刻的印象。

广州天气湿热，为了减轻痛苦，我偶尔会去理疗店拔火罐或者刮痧。有一天在学校的时候突然觉得不舒服，很想找个师傅帮忙拔火罐。学校有健康保健方面的专业，他们的学生在校内实训基地开设了对外服务的工作室，有中医理疗的项目。为我服务的是一位二年级的学生。她首先让我填写了一份问卷，然后是给我做了背部推拿、热敷、推油、走

---

① 大前研一. 专业主义［M］. 裴立杰，译. 北京：中信出版社，2006.

罐等操作，这些完成之后才是拔火罐，拔火罐以后还有艾灸，最后还擦了一种我已经记不起名字的东西，每个环节之前，这位同学都会向我解释下一步要干什么，以及为什么要这样做。相比而言，我在校外拔火罐的遭遇简直就是"受虐"，好一点的会对背部做简单放松，有的甚至是直接上火罐。我以往对在大学设置这个专业是持有成见的，上次拔火罐的经历彻底改变了我的看法，那位学生服务的专业性减轻了我的痛苦，同时让我深切认识到这类专业人士存在的意义。

所以，**专业知识仅仅是专业的一个元素而已，更主要的内容是能够带给别人的意义，这种意义就是专业存在的依据。**

**专业是一种美。**电影《入殓师》中男主人公小林大悟的工作是负责将遗体放入棺木并为之化妆。"让已经冰冷的人重新焕发生机，给他永恒的美丽。这要有冷静、准确，而且要怀着温柔的情感，在分别的时刻，送别故人。静谧，所有的举动都如此美丽。"影片中大悟在工作的时候给人留下的就是这种印象，因为他的工作不是用程式化的动作结束一个人的旅程，而是帮助这个人开启一段新的路。正如影片中的一句台词："死是一道门，逝去并不是终结，而是超越，走向下一程。"

屠夫拆解骨肉的过程居然给人以视听的享受，这该是怎样的景象呢？"手之所触，肩之所倚，足之所履，膝之所踦，砉然向然，奏刀騞然，莫不中音。合于《桑林》之舞，乃中《经首》只会。"① 美的感觉以技术动作的合理性、正确性为基础。文惠君在看过庖丁解牛之后赞叹："嘻，善哉，技盖至此乎？"庖丁对于解牛的技术动作进行了解释："依乎天理，批大郤，导大窾，因其固然，技经肯綮之未尝，而况大軱乎！"维·格·别林斯基②说："美都是从灵魂深处发出的。"**合乎规律的技术动作、服务呈现或者作品必然能切中享用者内心的节律，故而能**

---

① 引自《庄子·养生主》。

② 维·格·别林斯基，19世纪俄罗斯文学批评家，他提出著名论断：艺术是寓于形象的思维。

让人的想象世界渗透一种欣喜和满足。庖丁解牛之后，"提刀而立，为之四顾，为之踌躇满志"，这种画面给人以无限想象与思考。

**专业技术中蕴含丰富的思想方法，同时也是导引人们进入哲学世界的途径**。日本有各种各样的道，茶道、剑道、花道、笔道等，每一种道都有让人看得见的器物、动作、仪式等，更有可以感受到的庄严与肃穆的"道"。譬如茶道，对于茶具、茶室的陈设、品茶的顺序都有精细的要求，而这些有形之物的背后是对禅学思想的坚持。"一期一会"是茶道精神的一项内容，《茶汤一会集》①有语："追其本源，茶事之会，为一期一会，即使同主、同客可反复多次举行茶事，也不能再现此时此刻之事。每次茶事之会，实为我一生一度之会。"因此，饮茶的时候，主客双方都需心怀诚敬，珍惜彼此相会的每一瞬间。

中国的先贤用"万殊"描述世间万事万物的变化，用"一理"概括恒定的规律，万殊归于一理，一理出于万殊。对于职业院校的学生而言，运用专业技术为自己赢取未来、为他人贡献服务，对外是建功立业，对内是明心见性，也就是中国儒学所提倡的"内圣外王"。

一个专业的科学知识体系结构犹如一棵向日葵的花盘，中心部分代表关于这一专业的知识，周围的叶片（A～G）代表这一专业的知识，如图 2 所示。关于这一专业的知识是从事这一专业的人们进行实践的必备知识，落入一个科学领域，舍此无法科学地工作，决定了一个职业的专业地位。为这一专业的知识则落入多个科学领域，对职业发展起着支持与补充作用。②关于这一专业的知识又可以被区分为多种类型，如图 3 所示。

---

① 作者为日本江户时代的井伊直弼。

② 赵康. 专业、专业属性及判断成熟专业的六条标准：一个社会学角度的分析 [J]. 社会学研究，2000（5）：32-41.

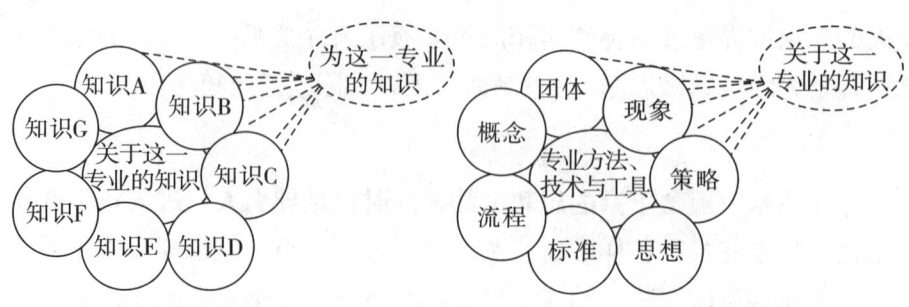

图2　专业科学知识体系结构　　　图3　专业知识核心层的构成

　　无论是学校的教师还是企业的讲师，他们教给学生的往往是一组知识，其中包括方法、技术、工具、现象描述、策略、思想、标准、流程、概念、团队等。**专业方法、技术与工具是一个职业方法论的核心要件**，对于解决问题有直接帮助，特别是对于刚入职的新手而言，这些内容需要重点学习。某一问题的现象描述及策略选择与具体的情境有关，情境改变了，现象与策略必然发生变化，关于这一部分的学习，需要在综合多个个性化案例后，总结出来一般性的规律。概念与思想的确是职业文化的根基，但对思想的简单记忆仅仅是完成了一小半的工作，重要的是在行动中去领悟，逐步实现知行合一。流程与标准不是用来学习的，而是需要遵守的，严守流程与标准，通过持续不断地用专业方法解决问题，专业习惯才能够得以形成。团体是以组织为载体的知识形态，在团体中，新手能获得更多的学习机会，如果有机会，应在教师或师傅的指引下，积极融入专业团体。

　　**在商科类专业的学习中，有两种学习态度对青年的发展是有害的，一种是重策略、轻方法，另外一种是重思想、轻行动。**策略往往与具体的情境相关联，因为有比较强的故事性，会很吸引人，而方法则略显枯燥，方法的训练也是比较艰苦的过程，因此，学生往往对专业方法的学习有抵触，甚至认为这些毫无生命力的东西难以适应变化的环境。殊不知，这些不变的方法才更具有普适性，一个特定案例中的策略只有在特定的情境下才会适用。综合素质对商科类学生具有非常重要的意义，因为商科学生毕业后从事的工作大多是处理人与人之间的关系的，其复杂程度远远超过那些跟物打交道的工作。但一个人的综合素质不是仅仅记住一些时髦的、听上去很有意义的话语，更主要的是内化为行为。行焉而后知其艰，非力行焉者不能知也。[①] 对于专业知识中的思想，在去芜存菁之后，重在实践，花比较多的时间去看那些快餐类的图书实在是不值得。

 **浮躁是工匠精神养成之路上的最大障碍**。如今的人大都感叹人心浮躁，认为人心浮躁是工匠精神缺失的重要原因。一个人是否能安心于专业，以至于成为工匠，关键在于自己。以下两篇故事对于有志于成为工匠的人或有启发。

余傲居钱塘之相安里，有饶于财者，率聚工以织。每夜至二鼓，一唱众和，其声欢然，盖织工也。余叹曰："乐哉！"旦过其处，见老屋将压，杼机四五具，南北向列。工十数人，手提足蹴，皆苍然无神色。进工问之曰："以余观，若所为，其劳也，亦甚矣，而乐，何也？"工对曰："此在人心。心苟无贪，虽贫，乐也。苟贪，虽日进千金，只戚戚尔。吾业虽贱，日佣为钱二百缗，吾衣食于主人，而以日之所入养吾父母妻子，虽食无甘美，而亦不甚饥寒。余自度以常，以故无他思，于凡织作，咸极精致，为时所尚，故主之聚易以售而佣之值亦易以入。所图如此，是以发乎情者，出口而成声，同然而一音，不自知其为劳也。顷见有业同吾者，佣于他家，受值略相似，久之，乃曰：'吾艺固过于人，而受值与众工等，当求倍值者而为之佣。'已而，他家果倍其值佣之。主者阅其织果异于人，他工见其艺精，亦颇推之。主者退自喜曰：'得一工，胜十工。'倍其值不吝也。久之，又以'吾业织且若此，舍此而他业，当亦不在人下。去事大官，善其逢迎之术，竭其奔走之力，富贵可当也，奈之何终为织家之佣？'其后果事大官，侧在众奴中，服役于车尘马足者五年，未见其所谓富贵之机也。又如是者五年，一旦以事触大官怒，斥逐之，不使一再见。又所业已遂遗

---

① 语出王船山《四书训义》。

忘。人亦恶其狂，不已分，不肯复佣以织，至冻饿以死。若人也，吾仅用以为戒，如之何而弗乐？"余叹曰："工，知足者也。老子曰：'知足之足，常足。'工之谓也。"

——徐一夔《织工对》

一个是做裁缝的。这人姓荆，名元，五十多岁，在三山街开着一个裁缝铺。每日替人家做了生活，余下来工夫就弹琴写字，也极喜欢做诗。朋友们和他相与地问他道："你既要做雅人，为甚么还要做你这贵行？何不同些学校里人相与相与？"他道："我也不是要做雅人。也只为性情相近，故此时常学学。至于我们这个贱行，是祖父遗留下来的，难道读书识字，做了裁缝就玷污了不成？况且那些学校中的朋友，他们另有一番见识，怎肯和我们相与！而今每日寻得六七分银子，吃饱了饭，要弹琴，要写字，诸事都由得我。又不贪图人的富贵，又不伺候人的颜色，天不收，地不管，倒不快活？"

——吴敬梓《儒林外史》

# 问题空间

　　感觉每周开的会都是批斗大会，这周又被老板挑毛病，主要是对公司商品中的瑕疵品进行整理的问题。这些瑕疵品已经堆积了差不多有半年，有几大箱，需要退回给厂家，不然会阻碍资金的流动。但却需要整理多次才能够整理清楚。对于这件事情我其实做得挺憋屈的。听老员工说，这个问题已经存在好久啦，反反复复地整理了很多次，却没有处理好。老板下达命令的时候其实存在很多的变化，我觉得他心里都没有一个明确的处理方法，每次的重复整理，都是因为某些原因折腾着我们。之前他给了我一个表格，要我按照表格对衣服进行分类整理。但我按照表格整理出来的结果却是错误的，因为他的表格中产品的分类出现了许多的错误。这要我自己进行修改，但我在工作的过程中并不知道产品的分类方法，所以按照表格分类出现了很多错误。老板因此责骂我，说我没有下定决心把事办好，还把事情反复弄这么久，不懂不问，缺乏沟通。

　　我虽然有错，但我觉得其实老板也有部分原因。他给我的表格是错的，但并没有将实情告诉我，我也不懂他想按什么原因分类。他说我"不懂不问，自以为是"，但我觉得我都不知道为什么这是错，要我怎么问，按照他给我的东西做事难道是我错。其实我觉得如果老板一开始说明白点，是不是就不会出现这么多的问题呢？还是真的最大的问题是我缺乏沟通，不懂不问，自以为是呢？

　　　　　　　　　　　　　——摘自黎同学的电商公司顶岗实习周记

作为预备当班几天以来，我们首先是学习结算业绩，每天晚上结算业绩都要我们自己来做，并将结算好的业绩发到业绩群，然后就是填写缴款单，最后是将收银台照片、店长日志照片发到执行力群，总的来说是非常简单的，其实当班就是店长的一个小助手，虽然做的事情并不复杂，但是接触到的事情毕竟比普通员工的工作量高出了一个层级，同时能够更充分地锻炼自己的能力，以一个领导者的身份去做事情能够更加自律，更加懂得以身作则的道理等。经过这几天的学习，我对自己的定位发生了改变，以前是出了问题第一时间去找当班或者店长寻求解决的办法，而现在出了问题就要先想自己能不能解决，如果不能解决再找当班，然后通过当班的讲解下次再出现同类问题就能自己解决了。而且，其他的小伙伴遇到了问题也会向自己寻求帮助，我们再也不能逃避，要逼着自己去想怎么解决这个问题。同时对店铺业绩也要有自己的一份责任心，希望自己店铺的业绩勇创高峰。

——摘自胡同学的门店顶岗实习周记

人生有两项内容：解决问题与创造问题。惠人利己是任何一项职业的根本属性，解决问题是实现惠人与利己的主要途径，可以说，**职业的意义就在于解决问题**。在解决问题的过程中，有的人整日纠结，有的人获得顿悟，有的人将问题堆砌成进入自由空间的阶梯，有的人受困于问题结成的网。

　　**所有的问题包括三个成分：起始状态、目标及起始状态与目标之间的隔离物，它们构成了问题解决者的思考范围，这就是问题空间。**[①] 解决问题如同从起始状态到目标点之间的旅行，关键是能否在问题空间找到通往目标的路。老板会交给你任务，但问题空间却是自己建造的，问题空间的建构方式对任务执行有什么影响呢？谁是问题空间的建造者？

---

　　① 信息加工心理学创始人纽厄尔（A. Newell）和西蒙（H. A. Simon）研究人类解决问题的机制所使用的概念。

在问题空间旅行有什么规律可循？动作的累积并不是学习，没有顿悟的学习如同驴子拉磨，难以引领问题解决者穿越问题空间。

人或者动物解决问题的行为在以往是出自于"黑箱"之中，科学家的研究为人们勾勒出"黑箱"中的图景。

### 迷笼实验①

将饥饿的猫禁闭于迷笼之内，饿猫可以用抓绳或按钮等动作逃出笼外获得食物。饥饿的猫第一次被关进迷笼时，开始盲目地乱撞乱叫，东抓西咬，经过一段时间后，它可能做对了打开迷笼门的动作，逃出笼外。实验人员重新将猫关入笼内，并记录每次从实验开始到猫做出打开笼门的正确动作所用的时间，并据此绘制曲线。该曲线表明猫在笼中被困的时间与实验次数有相关性，猫乱抓乱咬的次数越来越少，成功逃离笼子的次数越来越多。

### 接竿实验②

实验人员将黑猩猩放进笼内，笼外放有香蕉，黑猩猩身边有两根竹竿，其中一根可以插进另一根中，连成更长的竹竿。黑猩猩用一根竹竿够不到香蕉。在取香蕉的过程中，黑猩猩用一根竹竿拨到了另一根竹竿，当它玩弄两根竹竿时，好像突然想明白了什么，它将两根竹竿接在一起，并用这根长竹竿去取香蕉并得到了香蕉。此后，黑猩猩不断重复接竿拿香蕉的动作。

### 小鸡啄米实验③

实验人员让小鸡在深浅不同的两种灰色的纸下面寻找食物。实验人员在深灰色纸下面放了米，小鸡在深灰色纸下找到米以后会重复自己的行为。变换实验情境，保留原来的深灰色纸，用黑色纸取

---

① 心理学家桑代克研究动物解决问题时设计的实验。
② 心理学家苛勒研究动物解决问题时设计的实验。
③ 心理学家苛勒据此提出学习迁移理论。

代浅灰色纸。实验表明：70％的小鸡对新刺激（黑色纸）有反应，30％的小鸡对原来的阳性刺激（深灰色纸）有反应。

### "蚂蚁"比喻[1]

一只蚂蚁在海边布满大大小小石块的沙滩上爬行，蚂蚁爬行所留下的曲曲折折的轨迹，绝不表示蚂蚁认知能力的复杂性，而只表示海岸的复杂性。当我们把人当作一个行为系统来看的时候，人和蚂蚁一样，其认知能力是极其单纯的。蚂蚁在海边爬行，它虽然能感知蚁巢的大致方向，但它既不能预知途中可能出现的障碍物，其视野也是很有限的。由于这种认知能力的局限性，所以每当蚂蚁遇到一块石头或别的障碍时，就不得不改变前进的方向。蚂蚁行为看起来的复杂性，是由于海岸的复杂性引起的。

桑代克认为大脑以外的环境刺激、思想与感情等脑内状态、大脑内外因素的变化构成问题解决的情境，人借助于要素之间的"联结"获得问题解决方案。当某项联结获得奖赏时，例如饿猫的按钮动作打开笼子的门，这项联结的力量就会被强化，这就是学习中的"效果律"。桑代克认为动物的**学习是一个试错过程**（trial and error），人的学习过程虽然较动物而言要复杂很多，但也是基于本能，以问题情境中的联结为基本模式。

苛勒并没有否认桑代克的联结理论，但他认为除了基于本能的联结模式（在重复的、以刺激—反应为基本内容的试错过程中寻找解决方案）外，**推理在解决问题中发挥重要作用**。所以，在情景变换以后，具有学习迁移能力的人仍然能有效地解决问题，是因为学习者能够发现新情景下的学习与原情景下的学习具有联系。迁移行为是对共同要素的反应吗？在小鸡啄米实验中，小鸡是到两张纸中颜色更深的那张（即黑色纸）下面寻找食物，那就证明迁移是对关系做出的反应，而不是对相同的要素。接竿实验中，黑猩猩发现了竹竿之间的关系，并将其运

---

① 赫伯特·A. 西蒙关于人的决策行为的比喻。

用到取香蕉的问题中，也证明了推理在学习中的作用。苛勒将两个情景突然被联系起来的意识定义为"顿悟"，他认为**顿悟是迁移学习的决定因素**。

桑代克关注到一个情景下的问题解决行为，苛勒通过对情景转换间学习迁移的研究，将对问题解决行为的研究引入更大的视野。桑代克与苛勒都是行为主义心理学的代表，他们重视对可以看得到的行为进行研究，但忽略了主体内部心理过程的影响。20 世纪 50 年代发展起来的认知心理学将外显行为与注意、知觉、记忆、情绪、思维等认识现象归集到一起，用更系统化的方式研究人的问题解决行为。**认知心理学用抽丝剥茧的方式对问题解决现象进行了细致的拆解与分析，在强调客观影响的同时，重视主观世界在问题建构与问题解决中的意义。**"蚂蚁"的比喻是赫伯特·A. 西蒙对人类解决问题行为的生动描述。赫伯特·A. 西蒙关于人的决策行为（解决问题的行为）有如下几个观点。

（1）决策是可分的单位。

（2）决策是由前提推出结论的过程。

（3）决策是"链式"反应过程。

（4）事实方面因素与价值方面的因素影响决策行为。

（5）规范性决策与非规范性决策的发生机制是不同的。

以上对问题解决行为的研究都以问题空间为背景。问题空间是分层次的，从而形成决策的"链式"特征。总目标之下是子目标，为了实现子目标，必然需要建构一个次级层次的问题空间，如图 4 所示，目标 A 的问题空间是由诸多次级问题空间复合而成的。在一个动态演化的系统中，目标 A 所在的问题空间之前和之后也会存在问题空间，所以，问题空间也是"链式"的。如果将问题空间比喻为夜空，初始状态、目标、各类影响因素、行动人的心理状态等如同镶嵌于夜空的星子，行动人穿行其间，寻找接近目标的路径。

问题空间具体涵盖什么要素，它们在问题空间是如何定位的，要素之间的结构如何，以及当前问题空间与之前、之后的问题空间有何关联，这些是由行动主体界定的。

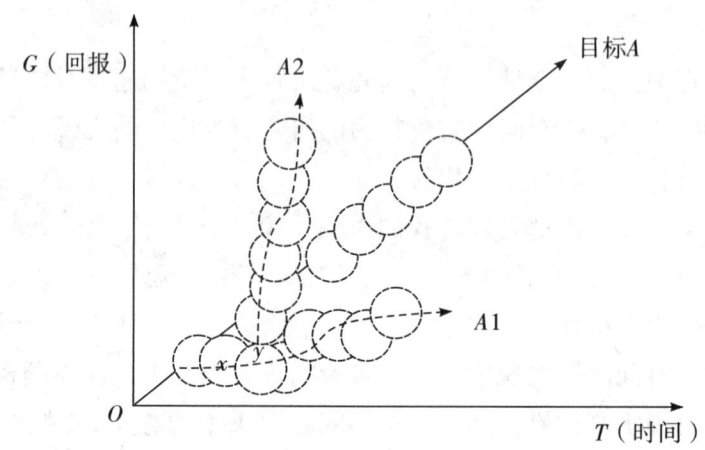

图4 问题空间层级结构示意图

在实验条件下，问题空间是实验人员提前设定的，由此空间到彼空间的转换也是由实验人员安排的。但是**在真实的环境中，问题空间是由当事人自己选定的**。当事人的选择未必以最初设定的目标为导向，并由此引发"链式"轨迹的更改。这里用"陈同学在门店顶岗期间的目标"为例进行解释。

已经在门店工作有一段时间了，而离我的目标一直都比较遥远，不为什么，就是需要时间的沉淀，说是这么说，其实我们也并没有资格去签订这种劳动合同，因此也只能做着店长的工作，拿着员工的工资，也不能说不公平，还需要更加强的能力别人才会发现你、提拔你，这也是我为什么坚持下来的原因，坚持下去，才会得到最好的。忙忙碌碌的每一天，不是每时每刻都会有收获，但是我们不能半途而废，虽然现在仍然得不到提升，但我相信这是量变的过程，只有这个过程积累得足够多，我们才能做到质变，相信自己，坚持就是胜利。

当目标离自己仍有很大距离的时候，我们就不能坐以待毙了，这一周里我一直忙碌着各种考试，这个过程虽然很辛苦，甚至结果是失败的，但我并没有后悔，我需要抓住各种机会去提升自己的能力，改变自己的命运。

——陈同学在门店顶岗期间的目标


当事人最初将 A 作为目标——陈同学的目标是成为店长。

探索从初始状态去往 A 的路径——努力按照公司店长选用标准工作。

如果一切按照预想中的情况发生，会形成轨迹 OA——陈同学被聘为店长。

但是现实比预想有更多可能性——成为店长的希望变得渺茫。

A 不是目标，次级问题空间 X 中的目标才是要努力的方向——留下来坚持工作。

它在次级问题空间 X 中当事人发现有另外的潜在回报——通过考试获得职业资格证书。

在新的方向上再次得到回报——考试成功，并有了寻找新工作的条件。

放弃目标 A，将 A1 视为目标——不再从事门店工作，拿到证书后另择门路。

赫伯特·A. 西蒙将决策分为规范性决策与非规范性决策，这是从决策行为自身的特点进行分类。换个角度，如果从主客体关系的角度进行归类，决策可以分为价值性决策与事实性决策。**价值性决策以主体的"意义"**[①]**为问题解决过程中"链式"反应的纽带，事实性决策以客体的"属性"为问题解决过程中"链式"反应的纽带。**在人际交往、经

---

① 社会学中的概念，尼古拉斯·卢曼认为意义是交流的媒介，并普遍存在于心理系统与社会系统中。

济管理、教育等社会活动中，在选择目标及实现策略过程中，"意义"是最基本的依据，而"意义"更多来自主观层面。在自然科学领域，问题解决行为依据物的属性，譬如建一座房子，施工图纸一旦确定，按图施工即可，即使业主要将自己对于房子"意义"的理解融入其中，也需要合乎建造房子的工程规律。

人类解决问题的机制是一个充满神秘感的领域，科学研究提供了透视这个神秘世界的工具、方法与见解。任务经过问题解决者（当事人）的定义与转换，成为问题空间，问题解决者在问题空间搜寻实现目标的路径。**问题空间是问题解决行为的发生背景，对问题解决轨迹及目标实现具有决定性的影响**。对价值性决策而言，问题空间具有如下特点。

（1）事实性的问题情境经由主观心理框架的过滤，形成问题空间，可以说，问题空间是自选的，而非给定的。

（2）"意义"是问题解决者建构问题空间的依据，它据此选定什么要素能够进入问题空间，并决定这些要素的重要性排序。

（3）大的目标由诸多小目标构成，解决小目标的过程前后联结，形成了问题解决过程的"链式"结构。

（4）问题空间是由系列次级问题空间复合而成的。

（5）次级问题空间可能延伸出新的"意义"，引导问题解决者突破原有的问题空间，重新设定新的问题空间。

（6）问题空间开放性越强，层次越复杂，新"意义"产生的概率越大，问题空间发生转换的可能性越高。

**解决问题有可能带来赞誉、财富、升职等回报，但未必会增长智慧**。没有顿悟，问题解决者只是在例行公事，如同钟表中的齿轮，虽然时间在走，但齿轮的动作都是一样。

顿悟究竟如何产生，相关研究还没有给出令人信服的答案，人解决问题的能力在增长，问题则是以更快的速度在增长，关于顿悟问题的研究估计是一条没有尽头的路。

但顿悟似乎与"巧合"紧密联系：笼子里的饿猫如果不是偶尔碰到开关，再多的哀号也不能帮助它逃出来；黑猩猩如果不是在挥舞竹竿的时候碰到另外一根竹竿，实验的结果或许就要改写；小鸡第一次在深灰色纸下找到米也不是事先计划好的。各种各样的"巧合"带来共同的结果，就是在问题空间中增加了新的要素，例如笼子开关、另一根竹竿、深灰色纸下的米。**新要素的加入改变了原有问题空间的结构，为新组合的产生创造了条件与机会**，当这种新的组合产生某种足以触动问题解决者的"意义"时，顿悟即有产生的可能。

在九点问题中，常规的考虑会将画线的范围确定在九个点围成的四方形内，在此情况下，要用四段直线一笔将九个点连起来是做不到的。如果将正方形之外的空间也纳入问题空间，答案就很容易找到。

## 九点问题

九个点分布在三行，每行三个点，排成一个正方块状，要求用四段直线一笔将这九个点连起来。如图5所示。

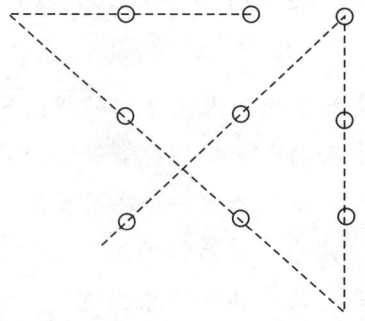

**图5　九点图**

本节开始摘录了两位同学的实习周记，面对基层工作，黎同学心有抱怨，胡同学积极寻找解决问题的办法，对比二人所处问题空间的差异，胡同学的问题空间中多了一个要素："当班"。"当班"对于胡同学而言是新的要素，他因此获得了体现个人价值的意义，触动他反思个人的工作方式，其修养进入了一个新的境界。

2017 年 7 月，阿里巴巴集团的无人值守超市在杭州开业，引发了普遍关注，一个早已萦绕于零售业的共识愈发清晰：智能技术将彻底颠覆零售服务模式。**零售业是以"人性"为中心的行业**，智能技术会替代原来由人力负责的部分工作，并进一步强化了零售业的"人性"特征，因为那些仍然愿意莅临门店接受人工服务的顾客，需要的是"人性"的服务。**零售业门店管理人员面对的问题本来就是以价值性决策问题为主，未来的零售业中，这种特点将更加突出。**

因此，在未来的零售门店经营中，问题空间的建构与运营能力对零售店长更加重要。问题空间因"我"而生，但缺少主体意识恰恰是零售学徒职业发展初期表现出来的最大问题。我接触过许多学生，面对一项任务的时候，他们会更多地去想布置任务的人是如何思考的，而不善于将任务转换为能够由自己把控的问题空间。所以，经常出现的状况是，他们因为苦苦纠结于任务发布者的想法，而不能有效提出问题和解决方案，并由此引发情绪低迷、抱怨、逃避等行为。**在缺少主体意识的情况下，顿悟所赖以产生的"巧合"也失去根由。**

### 决策回顾测试

苏格拉底有言：未经反思的人生是不值得经历的人生。反思令生活更有厚度，同时也为未来的成功提供更多保障。具备决策反思能力是取得职场成功的必要条件。以下给出一个决策反思能力的测试。

（1）你去年做的决定中，最后悔的决定是什么？

（2）根据一组问题，逐一追问决策要素。

例：

对第一个问题的回答是：我去年最后悔的决定是没有买房。因为今年房价涨了一倍，当初没买太吃亏了。

随后的问题包括：你去年为什么不买房？你的选择是什么？决定有什么风险？你的决策依据是什么？

我可能这样回答："去年我没打算买房，看到房价涨了一倍，我有点事后诸葛亮，假如去年买了房，我就发财了。"这样的回答至少说明我有基本的决策反思能力，知道我没有做过买房的决定，我的后悔其实是感叹。

如果这样回答："我早几年买了房，当时没想多买。去年房价涨了一倍，我后悔当初没多买几套。"这个回答表明，去年我没有做过买房的决定，因为房价上涨，我为自己没有做过的决定后悔，这种思维被称为事后聪明效应。有没有做过决定我都没有想清楚，说明我缺乏起码的决策反思能力。

# 主体意识

　　这个星期是"五一"假期活动的尾声，然而我也抓住机会再开了一个小单子。这个单是我全程独立跟进、逼单以及成交的，感觉有了第一次的经验，信心比以前更足了，在与顾客交流的过程中也更从容了，可以更好地抓住顾客心理，以更好的方式去成交。我觉得销售就是一门活到老、学到老的学问，很多东西别人是教授不了你的，一定要自己亲身经历了才知道。我以前觉得做销售很简单，就是卖东西，觉得只要产品本身够好顾客就会愿意掏钱去买，但事实上不是所有东西都是这种销售模式，尤其像家具这种耐用品。作为一个大品牌的家具导购，你要让顾客心甘情愿地买一套他喜欢的沙发，首先他要喜欢和认可你，如果他连你都不喜欢不信任，肯定也会对产品失去信心，所以我发现品牌就是你的名字，所以我们做销售也不能单纯为了卖货而卖货，更要做到顾客是因为对你信任才有了对品牌和产品的信任，这样的销售才是成功的。

　　　　　　　　　　　——摘自方同学的家具销售公司顶岗实习周记

　　如果你不知将去往何处，那么你只能随波逐流。与其给主体意识一个精确的定义，不如从这句流传已久的话中去体会。实用主义心理学先驱威廉·詹姆斯说过这样一句话：**"有一种精神状态能让你感到活力四射，这种状态会在你内心深处发出这样的声音——'这才是真正的自我'。你一定要把这种状态找出来，并且尽量保持下去。"** 主体意识就是让你感到活力四射的状态。

几步之遥，一生距离，最近的往往却是触不可及的。主体意识就在一言一行之中，多少人苦苦追寻而不得。"上帝不会向懦夫展示他的杰作。"① 相对于"屈从"，主体意识意味着"背叛"，**虽然人习惯于在无助时呼天喊地，但在大多数时候不敢直面上帝，缺少发现与呵护自我的勇气。**

有主体意识的人是什么样子呢？**最重要的是能让自己秉持平常心，做回平常人，**至于会是狂人、狷人、达人还是圣人，就因人而异了。

在《论语·子路》中，孔子说："不得中行而与之，必也狂狷乎，狂者进取，狷者有所不为也。"狂人向外，不为外物所累，志在兼济，锐意进取；狷人向内，独善其身，有所不为。朱熹的概括是，狂者志极高而行不掩，狷者知未及而守有余。

达人已成为具有时代感的文化现象，一些将兴趣与事业、将利己与利他结合到极致的人是达人文化的灵魂。达人不纠结，"顺通塞而一情，任性命而不滞者，达人也"②；达人透彻，"小智自私兮，贱彼贵我，达人大观兮，物我不可"③。

圣人并非高山仰止，不是谁的特权。"圣人之所以为圣，只是其心纯乎天理而无人欲之杂。""故虽凡人，而肯为学，使其纯乎天理，可为圣人。"④ 按照王阳明的意思，满大街都是圣人。

中国传统文化中的禅学主张"明心见性"，是参究自我本源的学问。**禅学不是致功求利的门道，但对于追求生命自由的人会很有启示。**禅师们在修行的时候发生过一些富含哲理的故事，专业称谓是"公

---

① 摘自《自助》，作者拉尔夫·瓦尔多·艾默生被誉为"美国文明之父"，他认为每个人都有自己的天赋，主张通过行动宣示自己的存在价值。

② 摘自葛洪《抱朴子·行品》。

③ 摘自贾谊《鵩鸟赋》。

④ 摘自王阳明《传习录》。

案"，这是记录中国禅修历史的主要文献，被称为禅宗的"血脉"。学术归纳虽可以说出一套关于主体意识的道理，但却难以触动人心。

每个人都是独特的，都可以成"圣"为"佛"，世间虽有公理，但每个人修行的方向、方式、方法等是以个人的独特性为根本。中国传统文化中儒、道、释三教，以及大家所熟知的民主，都是坚持这样的理念。**发现主体意识并不是要寻找一个被公认的、模式化的"自我"，而是被自己接受的、独特的"自我"。**此处引用几则禅宗公案与大家分享。

### 拈花示法

佛祖在灵鹫山上主持研修大会，弟子们都期待聆听到佛法真谛。佛祖忽然拿出一朵花，却不说话。众人都不明白佛祖的意思，默默不语，只有摩诃迦叶尊者破颜微笑。佛祖说：我悟道的方法是包容一切，不固执，用心体会，带着喜悦的心情行事，这种微妙的法门超越文字。于是，世尊当众传法给迦叶尊者。

"无善无恶心之体，有善有恶意之动。"[1] 受外界因素的影响，意念起伏，牵绊冗赘，纯粹之心如同明镜蒙尘。这一切的根由在于对狭隘"自我"的固执。**中国人历来主张舍生取义[2]，这里隐含着提升自我的路径，即：舍弃小我之意念，融入大义，保存本心。**

### 波浪的觉悟

小浪花在抱怨：我好痛苦啊，别的浪那么大，而我这么小，有的浪境遇那么好，而我的却这么差。

另外一朵浪花说：因为你没有看清你的本来面目，所以会有痛苦。

---

① 王阳明在晚年将其心学概括为四句话，被称为"阳明四句教"，即"无善无恶心之体，有善有恶意之动，知善知恶是良知，为善去恶是格物"。

② 孟子被尊为心学的开创者，舍生取义源自其《孟子·告子·鱼我所欲也》。

小浪花：那我是什么？我不是波浪吗？

另外一朵浪花说：波浪只是你短暂的现象，其实你是水！当你认清楚你的本体是"水"的时候，你就不会再为波浪的形体所迷惑，就不会有痛苦。

小浪花：原来我就是你，你也是我，你我同为一个大我。

一提到"禅""修行""心性"等名词，就会让人觉得这些都是不着烟火气的，是很高冷的。中国传统文化中的主要宗派，无论是入世的儒家，还是出世的佛道，都认为人的修行要关注平常的生活，从生活中的点点滴滴做起。**放下不是舍弃，不执着同样具有温度。**

## 渡女过河

坦山和尚与一个年轻和尚走在路上，看见一位漂亮的女孩子因过不了河而苦恼，坦山于是抱着姑娘过了河。坦山和小和尚继续走了半天的路，小和尚突然问：我们出家人不是不近女色吗？刚才你为什么要那样做？坦山回答：哦，你说那个女人吗？我早就把她放下了，你还抱着吗？

财富、声誉、权力等给我们力量，同时也让我们产生依赖感，过分地依赖意味着自己被物所缚，个人潜能得不到发挥，也就没了自我。**放下得失就不会有恐惧，无论是个人修为还是事业才有进一步完善的机会。**

## 德川宣鉴

德川是四川剑南人，精通《金刚经》，因为他俗姓周，时人都称呼他为"周金刚"。后来他听说南方的禅学很盛行，便十分不服气，挑着自己的著作到湖南澧阳的龙潭寺拜访崇信禅师。路上，他遇到一位卖点心的老婆婆，老婆婆说如果他能答得出一个问题，就送点心给他吃。老婆婆的问题是：过去心不可得，现在心不可得，未来心不可得，① 请问大师点的是哪个心？德川答不出婆婆的问题，心情极为沮丧。德川到龙潭寺的时候已是深夜，崇信禅师让他去禅房睡觉。崇信帮他点燃蜡烛，却又突然把烛火吹灭。就在这时，德川大悟。当外在的光亮熄灭后，内在的光才射出它的光辉。第二天，德川在法堂上烧掉了他的著作。

拜师、访友、读书、远行、悉心于事，都是提高个人修养的好方法。但无论收获多少，形成自己的信念才是最重要的。**自我信念不是别人给的，需要自知、自觉、自爱。**抱持着别人的观念而想照亮自己，就像盲人掌灯，灯熄灭了，自己却不知道。

### 盲人不知灯灭

一位盲人辞别朋友时，他的朋友给了他一只灯笼。盲人说自己不需要灯笼，无论是明是暗，对自己都是一样的。他的朋友坚持让他带上灯笼，说这样可以避免别人碰到他。果真如他朋友所言，没有人碰到他。正当他开心之际，有个人与他撞到了一起。他生气地质问对方：难道看不见这盏亮着的灯笼？对方说：老兄，你的灯早已经熄灭了。

变化是永恒的，这一刻与上一刻不同，下一刻也会有新的情况发生，我们能够把握的只有今天的此时此刻。所以，**人生或有百年，但却只在呼吸之间。**自由的"本心"不在过去，也不在缥缈的未来，就在当下，能体会到周边事物的美好，也就找到了真实的自己。

### 佛在家中

有位年轻人仰慕被称为菩萨的蜀中无际大师，辞别双亲到四川去访学。路上遇到一位老人家，老人家问他去哪里，年轻人说要去拜访无际大师。老人说与其去找菩萨，不如去找佛。年轻人兴奋地

---

① 《金刚经》中的经文。

问他佛在哪里。老人说：你回家时，看到有个人披着毯子，反穿着鞋来迎接你，那就是佛。年轻人按照指引回到家时已经是深夜。他的母亲听到儿子叫门，高兴得来不及穿衣，披着毯子，拖鞋也穿错了脚，就冲出来开门。年轻人立刻明白了，老人说的佛就是身边人。

所以，明心见性，发现自我，并不是要割断尘缘，更不是灭尽人欲，如果那样，人心已死，哪里还有什么本心可言。**对周围的人、事、物都持有包容与欣赏的喜悦之心，可以让自己获得更大自由，也会为事业带来更多机会。**

### 强盗的觉悟

有个强盗抢劫七里禅师。七里禅师告诉他钱在抽屉里，并且希望他能给自己留点钱买吃的。后来，强盗被抓了，衙役过来问七里禅师是否被这个强盗抢劫过。禅师说钱是自己给他的，不是他抢的。这个人刑满获释后，求见禅师，希望成为禅师的弟子。

主体意识绝不仅仅是想想就可以了，**没有行动的自知并不是真的自知**。行动不仅仅是执行内心的信念，更是促进信念走向成熟与坚毅的力量。从这个意义上讲，对自我的求索没有结果，永远在路上。即使心如明镜，也需时时拂拭，顿悟所带来的豁然如同电光石火般转瞬即逝，如果不能知行合一，**嘴巴上说的"口头禅"①是经不住现实的磨砺的。**

### 言过其行

有位富有的老太太，她经常到庙里供香，每次在佛前顶礼的时候都说：我已经一大把年纪了，您什么时候来接我都行。庙里的一个小沙弥觉得好笑，就搞个恶作剧捉弄她一下。老太太又来顶礼拜佛的时候，还是像以往一样说："我已经年纪一大把了，您什么时

---

① 修禅歧路的一种，指要嘴皮子功夫，不能落到实处。

57

候来接我都行。"藏在佛像后面的小沙弥说:"老太太,那么今晚请你来吧。"结果,老太太被吓死了。

徘徊于两种想法之间是痛苦的,当宁静的心情与专注的精神失去以后,幸福无从谈起,成功更会遭遇不顺。**听从内心的声音,当取则取,当舍则舍**,当自由之心回归的时候,即使选择本身有所遗憾,也会通过另外的途径得到弥补。

### 违顺相争,是为心病

慧春尼姑长得很美,在一次禅会中,一个和尚偷偷地爱上了慧春。和尚还写了一封情书,请求慧春答应一次私下约会的机会。第二天,禅师说法过后,慧春站起来对写信的和尚说:"如果你真那样爱我,现在就来拥抱我吧!"

中国有句古话是"活到老,学到老"。人的学习大致包括两方面内容,对外研究物理,对内省察自我,而对物理的研究实质上也是为了在更大的背景下寻求自我定位,可以说人的学习是以"我"为中心的。"小我"如同一条船,"大我"如同汪洋大海,大海是流动的,因此**对"我"的探求过程永远不会有最后的答案**。急功近利的人总是将今天视为明天的准备,整个人生就是一部悲壮的、以牺牲为主题的历史。

### 越急越慢

有一位少年,到山上请一位异人教授剑术。他问师父:如果我努力学习,需要多久才能学成?师父说需要 10 年。少年说自己的父亲年事已高,需要有人身前服侍,如果自己再加倍努力一些,需要多久能够学成。师父说需要 30 年。少年有些急了,他说:你先前说 10 年,现在又说 30 年,我不惜任何劳苦,一定要在最短的时间内学成。师父的回答是:这样你得跟我学 70 年。

假设你在门店工作，你用心地为顾客服务，可是有些人却总是盛气凌人、冷言冷语，你会继续坚持热情的服务，还是看人下菜碟，对有涵养的顾客主动周到，对粗鲁的敬而远之？当我们将自我的意义放在所接触的事物中时，事物的变化必然会左右我们的悲喜，甚至出现"进亦忧，退亦忧"的窘境。如果走向另一个极端，将身外的事物看作自己的对立面，"自我"这条小船离开了江河，也就如同一具枯木。"然则何时而乐耶？其必曰：先天下之忧而忧，后天下之乐而乐。"[①] **有自己，有天下，将自己融入天下之中，范仲淹的诗词指出了走出思维迷障的道路。**

## 物我对立

有位军医，随着军队出征打仗，在战场上救治伤兵。他的伤员刚痊愈，即刻又投入战场继续作战，于是再次负伤。这种情况重复多次。军医简直要崩溃了，他想：如果士兵注定要死，我又何必将他救活，如果自己的医治有意义，那么士兵为何又会战死呢？他不明白当军医究竟有何意义，心里乱得无法继续救治伤员。于是他即刻到山上找一位禅师修行。跟随禅师几个月后，他终于想通了问题：自己就是医生啊！

禅学给我们的不是答案，而是思考的方法。在"物我如一"的辩证关系中，"自我"找到了参照物，找到了存在的依据。既然每个人都可以成"圣"为"佛"，为自己着想当然不是什么丑恶的事情。对于私利与自私，禅学并不排斥，而是肯定它的存在。但是禅学更加提倡"兼爱"，这本是墨子提出的概念，大概的意思就是**个人不仅要利己，更要利他，因为无"他"即无"我"，利他是利己的前提，用现在的话讲就是分享创造价值。**

---

① 摘自《岳阳楼记》，作者范仲淹。

## 蜘蛛之丝

释尊有一次俯瞰地狱中的人，看到一个人苦苦哀求："救救我，我好痛苦啊，救救我……"佛祖知道这个人生前作恶多端，干了许多杀人放火的勾当，死后自然要在地狱受苦。但他有一次要踩到一只小蜘蛛的时候突生恻隐之心，没有将蜘蛛踩死，虽然是小事，但毕竟是善业。于是佛祖就从天上垂下来一根蜘蛛丝。这个人顺着蜘蛛丝向上爬，其他人看到了，也争抢着向上爬。这个人挥舞着手中的利器大喊："可恶的东西，统统滚下去，这根蜘蛛丝是我的。"突然，蜘蛛丝断了，他再一次坠入地狱。

霍华德·毕哈用帽子比喻一个人的承担的角色，他认为一个人一生中会有很多帽子，**但只有一顶帽子是属于自己的**。帽子是隐喻，他强调的是每个人都应该保持自己的本色。所谓"所见即所得"，你的思维方式决定你将取得怎样的成就。"只戴一顶帽子"意味着你在忙碌的时候仍然能保持无限的活力。

请问问你自己下面的问题，看看自己会如何回答：[①]

（1）是什么让你愿意起床，让你兴奋起来，让你渴望工作的？

（2）你准备为你的工作、职责和梦想牺牲什么？

（3）你的竞争意识有多强？你怎样看待他人？

（4）你是否很看重诚实和坦率，而且自己也的确是那么去做的？

（5）什么样的回报才能让你满意？

（6）你是否愿意住在离你出生地不远的地方？你对旅游怀着怎样的憧憬？

（7）对你来说，"独立"有何重要？

（8）什么程度才是你压力的极限？什么才会让你投入到紧张、不分昼夜的工作中去？

---

① 霍华德·毕哈在《星巴克———起与咖啡无关》中提供一些供读者反思的问题，此处的题目在原文基础上略有调整。

（9）什么样的工作环境才会让你感到最舒适、最兴奋？是在新生的团队里，还是在那些资源丰富、待遇优厚的成熟团队里？

（10）你会为没有做哪些事或没有尝试哪些事而感到后悔吗？

（11）哪件事能让你在忠于自我的时候感到自然舒适？

# 思辨能力

最近，公司出了一系列对于报损的新规定。出新规定是为了控制整个公司线下门店的非正常损耗率，这是可以理解的，但是，这项新规却堵死了一大堆的正常报损渠道。

第一，门店所有的（不含化妆品）试用装，均不能够报损。那么，我们门店的试用装用久了总是会老旧的，会坏的，而损坏的试用装会给顾客造成不好的试用体验，影响公司形象。同时，在新规之后，所有之前属于正常报损范围的商品都不能够报损。那么，总公司是不是应该给线下门店一个最后的机会，将之前合理，现在不合理的一次性报损呢？不然之前能报损而如今不能报损的商品就会积压在门店，成为门店内的成本。

第二，玩偶类商品全部不能够报损是否不合理呢？玩偶类商品不能够报损，那么有一些玩偶不是凭借员工缝缝补补就能够弄好的怎么办呢？还是积压在门店成为成本而已。

第三，对于报损出错的处罚是否太严苛了？有一件商品报损错了，店长立刻被开除，这样做会不会让所有人人心惶惶。对于报损的确达到了十分谨慎的地步，但每一件商品的报损都让人战战兢兢，一不小心就会被开除。

第四，新规的更改是否太过于频繁了。刚开始出了新规，按照新规做，录好了报损，更新的规定出来了，好，再做一次，做好了之后，新规又有了变化，第三次做。这样会不会让员工产生烦躁心理呢？新规的完善是非常必要的，但是这么频繁的改动，而且是巨大的改动，真的很让人无语。

以上就是我对于门店报损新规的看法了。说了这么多也并没有什么用，反正公司又不会听你的，他只听自己的而已，我也就是发发牢骚而已。

——摘自胡同学的门店顶岗实习周记

这些"看法"真的只是"牢骚"。既然有这么好的文笔，有这么多观察，对公司也抱有期待，为什么不将这些文字转化为调查报告，并通过正式渠道提交给公司领导呢？这些新规或许不合理，但新规的背后是公司管理者希望业务更加规范的需求，是对更多员工参与管理的期望。如果能看到这一层，胡同学或许可以更积极一些。

**感觉不会欺骗我们，它们只是单纯地把表象收集起来，但感觉一旦离开了思想的驾驭，就会成为左右我们行动的主人**。家人前几天提出要买一个洗碗机，我强烈反对，我也说不清楚究竟为什么反对，现在想想只是因为习惯了手洗。许多人都很"害怕"财务报销，并且经常抱怨财务报销的手续太复杂了、太不人性化了，每每谈起财务报销就好像自己是冒险之旅的幸存者，有几分庆幸，也带着些许后怕，但是大多数人却说不出来财务报销难在哪里，甚至有些人只是听别人说这件事情很烦琐，自己从来没有办理过报销事务。

**欺骗我们的是内在的思想，它将感觉收集的表象联结成看似真实的世界**。在鲁迅的小说《风波》里有如下情节。

七斤虽然住在农村，却早有些飞黄腾达的意思。从他的祖父到他，三代不捏锄头柄了；他也照例的帮人撑着航船，每日一回，早晨从鲁镇进城，傍晚又回到鲁镇，因此很知道些时事：例如什么地方，雷公劈死了蜈蚣精；什么地方，闺女生了一个夜叉之类。他在村人里面，的确已经是一名出场人物了。但夏天吃饭不点灯，却还守着农家习惯，所以回家太迟，是该骂的。

　　七斤一手捏着象牙嘴白铜斗六尺多长的湘妃竹烟管，低着头，慢慢地走来，坐在矮凳上。六斤也趁势溜出，坐在他身边，叫他爹爹。七斤没有应。

　　"一代不如一代！"九斤老太说。

　　七斤慢慢地抬起头来，叹一口气说，"皇帝坐了龙庭了。"

　　七斤嫂呆了一刻，忽而恍然大悟的道，"这可好了，这不是又要皇恩大赦了么！"

　　七斤又叹一口气，说，"我没有辫子。"

　　"皇帝要辫子么？"

　　"皇帝要辫子。"

　　"你怎么知道呢？"七斤嫂有些着急，赶忙地问。

　　"咸亨酒店里的人，都说要的。"

　　七斤嫂这时从直觉上觉得事情似乎有些不妙了，因为咸亨酒店是消息灵通的所在。伊一转眼瞥见七斤的光头，便忍不住动怒，怪他恨他怨他；忽然又绝望起来，装好一碗饭，搡在七斤的面前道，"还是赶快吃你的饭罢！哭丧着脸，就会长出辫子来么？"

　　太阳收尽了他最末的光线了，水面暗暗地回复过凉气来；土场上一片碗筷声响，人人的脊梁上又都吐出汗粒。七斤嫂吃完三碗饭，偶然抬起头，心坎里便禁不住突突地发跳。伊透过乌桕叶，看见又矮又胖的赵七爷正从独木桥上走来，而且穿着宝蓝色竹布的长衫。

　　赵七爷是邻村茂源酒店的主人，又是这三十里方圆以内的唯一的出色人物兼学问家；因为有学问，所以又有些遗老的臭味。他有十多本金圣叹批评的《三国志》，时常坐着一个字一个字地读；他不但能说出五虎将姓名，甚而至于还知道黄忠表字汉升和马超表字孟起。革命以后，他便将辫子盘在顶上，像道士一般；常常叹息说，倘若赵子龙在世，天下便不会乱到这地步了。七斤嫂眼睛好，早望见今天的赵七爷已经不是道士，却变成光滑头皮，乌黑发顶；伊便知道这一定是皇帝坐了龙庭，而且一定须有辫子，而且七斤一定是非常危险。

七斤是村里的出场人物，如今却显得很沉重，连六斤叫他爹都没有回应，皇帝坐了龙庭是要辫子的，这消息来自咸亨酒店，方圆三十里内最有学问的赵七爷今天居然穿着竹布长衫，而且还放下了辫子。在七斤嫂的世界里，上述现象唤起的判断就是：七斤是肯定要被砍头的。因为"这回保驾的是张大帅，张大帅是张翼德的后代，他一支丈八蛇矛，就有万夫不当之勇，谁能抵挡他"。

思想不是我们自己的吗？它怎会欺骗我们呢？

大多数人认为思想是产生于躯体的，但也有人，特别是关于现代基因理论，认为躯体仅仅是思想的躯壳。思想是灵魂的最高能力，它不同于营养能力、感觉能力、欲望能力，是思考和判断的能力。我们属于思想，而不是思想属于我们。思想的活动可能仅仅是基于感觉的，也可能是不仅仅基于感觉，更多的是基于思想自身的。**仅仅基于感觉，发生的就是想象和意见，基于思想的活动自身，产生的就是思想和实践的思想。**①

**思想会带有倾向性地组织来自于感觉层面的信息，以此来固化自己的"地位"**，譬如大多数人喜欢听赞同自己的意见。这个由思想建构起来的屏障会将人与真实的世界分离开来，让人们活在由各种各样的故事、传言、符号等编制出来的"自我世界"中。这个世界虽然远离真实，但这里的一切会让人感到亲切，有归属感。对于群体而言，这就是文化，已经固化为习惯的文化，它在群体内部建立起彼此沟通的媒介，让身处其中的人获得"存在感"。

小的时候我很喜欢听评书《三国演义》，那也是儿时少有的文化节目。我妈妈说我每次听《三国演义》的时候像傻子，一动不动，张着嘴，脸上的表情也很古怪。周围一些年长的人也会谈起评书中的人物，

---

① 廖申白. 试析亚里士多德的灵魂论：基于亚里士多德《论灵魂》[J]. 道德与文明，2012（2）：72－80.

甚至会很认真地争论马超跟赵云到底谁更厉害。在历史上，曹操是位了不起的政治家、军事家、文学家，但是在评书里，他是个奸雄，在戏曲里他是白脸奸臣。评书中的描述、观点与情感在民间就是真实的。

**我们这个世界并不是一个统一体，而是复合体**，是由不同类型的"自我世界"连接起来的，有基于演义的世界，也有基于事实的世界。

**脱离真实的"自我"有两个结局：被抛弃与被愚弄**，国家、组织、个人皆是如此。

让人不断突破自我藩篱的是科学，**科学所蕴含的理念及其方法才是引发人类破除旧的生活与生产模式的"革命力量"**[①]。留意我们自己的生活，吃、穿、住、用、行以至于我们的思想，任何一方面的任何一次可以称之为"革命"的变化几乎都源自科学技术的影响。这种科学技术可能很大，例如互联网技术的应用让共享模式成为现实，也可能很细小，例如商品陈列格局的调整促进了店内销售。

**科学大致包括两方面内容，其一是测量，其二是发现。**测量意味全面、细致、精准、确切地认识事物，其思维特征是思辨；发现意味着质疑、突破、重构，其思维特征是创新。测量与发现往往交织在一起，对不是从事专门科学研究工作的人而言，测量更贴近生活，更有现实意义。

正如门捷列夫所言，没有测量就没有科学，无论是重大的技术突破还是细小的技术改进，都是基于对事物更为精细的认识。那些在各自领域有开创性贡献的个人或组织，无不重视测量的意义。在管理领域，没有测量就没有对市场的精准把握，就难以为客户提供高附加值的产品，所以，"没有测量就没有管理"这句话被普遍认同。学术研究领域更是如此，荷兰著名物理学家卡末林·昂内斯在担任莱顿大学物理实验室主

①　马克思在研究人类历史，特别是资本主义社会运动规律时，发现了科学技术对现代社会发展的巨大的推动作用。恩格斯在悼念马克思时说："在马克思看来，科学是一种在历史上起推动作用的、革命的力量。"

任期间，要求把"知识来源于测量"这句话写成标语，贴在每一个办公室的门上。

**"知识来源于测量"尤其值得我们中国人奉为箴言。**1816 年，一位年轻的女患者心脏病走进法国医生拉埃内克的诊所，拉埃内克不能用耳朵直接贴到她的胸部听诊。也是急中生智，他用厚纸卷成一个圆筒，把圆筒的一端放在患者的胸部，自己将耳朵贴在另一端。拉埃内克发现听到的声音较直接听诊更清晰。拉埃内克据此设计了最早的木制听诊器并在临床上应用，这被认为是现代医学诞生的标志。

关于思辨能力的内涵有多方面的研究，**综合来看，思辨能力的维度涉及态度、理论、方法、情感等多方面内容。**

约翰·杜威提出了"反思"（reflective thinking）的概念，将其定义为：对自己的一种信仰或所偏爱的某种知识形式，从它们所依存的基础上和可能得出的结论上，进行积极的、持续的、仔细的审视。杜威强调延迟判断，也就是说对某个观点、假说、论证需要采取谨慎的态度，在进行主动、持续和细致的理论探索之前，先不要立即赞成或反对。波普尔的看法更犀利，他认为知识的真理性特质只有通过外在化的批判性检验才能获得，科学的精神就是批判。思辨并不一定是批判，批判思维能力可以被认为是思辨能力的亚能力。

**美国教育心理学家爱德华·格拉泽认为思辨能力涵盖三方面内容。**

（1）态度：对在人的经验范围内发生的问题进行深思的态度。

（2）理论：逻辑询问和推理方法的理论知识。

（3）方法：运用这些逻辑询问和推理方法的技能。

**格拉泽列出了 12 种思辨能力要素。**

（1）发现问题的能力。

（2）找到可行的方法来解决这些问题的能力。

（3）收集、汇集相关信息的能力。

（4）找出问题中潜在的假设及价值的能力。

（5）正确、明晰和有辨别力地理解和使用语言的能力。

（6）分析数据的能力。

（7）评估证据的能力。

（8）发现各种命题、观点之间逻辑联系的能力。

（9）得出普遍规律和结论的能力。

（10）验证所得出的普遍规律和结论的能力。

（11）根据更广泛的经验重建自己信仰模式的能力。

（12）在日常生活中对特定事务施行正确判断的能力。

为了进一步明确思辨能力的内涵，来自多个领域的专家进行了合作研究，该专家组于1990年发表了《批判性思维：一份专家一致同意的关于教育评估的目标和指示的声明》的论文，文中提出**思辨认知能力的核心应该包括阐述、分析、评估、推论、解释和元认知等六个方面**。

（1）阐述：即理解和表达经验、情形、数据、事件、判断、惯例、信仰、规则、程序或标准的意义和重要性。阐述还包括如分类、对重要性的解释和澄清意义这些亚能力。

（2）分析：即鉴别陈述、提出问题、概念、描述，或其他试图表达信仰、判断、经验、理由、信息或意见（看法）的表达形式之间的推论性关系。专家们将审查观点、鉴定论点和分析论点的能力作为分析的亚能力。

（3）评估：即评定对于感觉、经验、情形、判断、信仰或观点的描述和解释的可信性；评定陈述、描述、提出问题或其他表达形式之间的推论性关系的逻辑强度。

（4）推论：鉴别和保证得出合理结论的必要元素；形成推测和假说；考虑相关信息并从数据、陈述、原理、证据、判断、信仰、观点、概念、描述、提出问题或其他表达形式中得到推论。质疑证据、推测可供选择的办法、得出结论是推论的亚能力。

（5）解释：陈述推理的结论；证明推理的正确性；用使人信服的论据来呈现推论。陈述结果、证明过程的正确性和呈现论据是解释的亚能力。

（6）元认知：自我有意识的监控认知行为，以及这些认知行为中所运用的认知手段、引起的结果，特别是以一种质疑、重审或纠正推论或结果的态度来分析、评价自己的推论性判断。自我检查和自我修正是它的亚能力。

关于思辨的情感表达方面，美国教育家科南特于 1995 年提出：思辨关注证据、智力、诚实和开放思维，它与过分情感主义、智力懒惰和封闭思维相反。因此，**思辨强调听从证据的指导，考虑所有的可能性，依靠证据而非情感**，全面考虑各种可能的观点和解释，警惕个人动机和偏见的影响，更关注寻求真理而不仅仅是对与错，不拒绝非流行的观点，意识到自己的偏见、歧视，自觉避免或减少这些偏见对判断的影响。

关于大学生思辨能力测评已经有了一些经典量表，这些量表中所关注的思辨能力要素，可以作为个人完善自我思辨能力的参照。美国教育资助委员会的大学学习评估（CLA）认为应当掌握的批判性思维能力①包括以下内容。

（1）判断信息是否恰当。

（2）区分理性的断言与情感的断言。

（3）区别事实与观点。

（4）识别证据的不足。

（5）洞察他人论证的漏洞与陷阱。

（6）独立分析数据或信息。

（7）识别论证的逻辑错误。

（8）发现信息和其来源之间的联系。

（9）处理矛盾的、不充分的、模糊的信息。

（10）基于数据而不是观点建立令人信服的论证。

---

① CLA 关注四种能力：批判思维能力、分析推理能力、书面沟通能力和解决问题能力。

（11）选择支持力强的数据。

（12）避免言过其实的结论。

（13）识别论据的漏洞并建议收集其他信息。

（14）知道问题往往没有明确答案或唯一解决办法。

（15）提出替代方案并在决策时予以考虑。

（16）采取行动时考虑所有利益相关的主体。

（17）清楚地表达论证及其语境。

（18）精准地运用证据为论证辩护。

（19）符合逻辑地组织复杂论证。

（20）展开论证时避免无关因素。

（21）有序地呈现增强说服力的证据。

　　零售学徒将要从事的工作虽然对技术创新要求不高，但也是处处要有新意，特别是在许多程式化工作被机器替代以后，体现人性化的工作如果落入"俗套"，门店的业绩恐怕难有好的表现。况且**零售学徒是未来零售管理人才的骨干，需要着眼于更具挑战性的工作，不断提升个人及团队的思辨能力**。

　　无论是在职业院校的学习还是以岗位实践为主要内容的学徒经历，对操作能力的训练在学习计划中占比很高，而且一般是先操作实践后理论提升，在有些中小企业，理论提升的部分会被弱化。在此情况下，因为对思辨能力的系统引导与训练较为缺乏，大部分学生不清楚什么是思辨能力，更不清楚提升的路径与方法，更有甚者会认为该方面的学习是浪费时间。真正有持久而重大影响的力量往往是看不见的。**没有思辨能力，学习能力无从谈起。随着职业生涯的延续，思辨能力的高低带来的影响就会清晰地显现出来**。

　　职业院校的学生更接近现实，他们有更好的机会和条件去提升自己的思辨能力，并且有更多的可能性将思辨结果付诸实践。在积极实践、反思与理论学习的同时，可以增加阅读，特别是专业阅读，这有助于提升自己的思辨能力。因为**思辨与信息的多少有密切关联**。此外，可以在工作中努力运用如下思维方式，通过持续的训练，养成思辨习惯。

面对已有的信息，可以在脑海里思考如下问题。

（1）它的中心议题和观点是什么？

（2）我全部同意、部分同意还是不认同它的观点？为什么？

（3）它的判断是以某种假设为前提吗？如果是，这种假设合理吗？

（4）它的判断或解决方案是否只在某些条件下有效？如果是，那是什么？

（5）我需要对这些信息中的关键概念、逻辑结构、目标设定等做出进一步的解释吗？

（6）我这样做的理由是什么？

（7）我的理由可能会遭到什么样的挑战？

（8）我该怎样表达对他人观点的态度？

当我们需要表达自己的见解、建构自己的方案时，可以借鉴如下思路。

（1）定义问题，界定核心概念，明确目标。

（2）针对这个问题，梳理有哪些来自不同角度的见解与解决方案，分析它们的异同，发现它们的逻辑框架。

（3）建立更优的见解与解决方案，并从多个角度对其进行评估。

（4）明确自己的建构与已有的建构之间是什么关系，是互补的，还是相互替代的？确定有效衔接的策略。

# 择善而从

　　一个游戏推广公司打电话叫我下星期一去入职，我很犹豫，但听了舍友的建议，决定去试试，因为我对游戏比较感兴趣。培训期结束后正式入职，发现公司的说法又与此前说的有点不一样，例如每天都有达标任务，不达标就会扣钱，而且扣的是底薪，并且也没有签劳动合同。由于不达标会扣底薪，大家都会为了达标加班，一般是晚上九点左右才会下班，我也逐渐搬到了公司附近居住，下班散步听歌，洗澡，洗衣服，很充实。自己的工作业绩也从不达标到超标。

　　在公司的时候，我不懂就问别人，通常问老员工，所以跟老员工的关系还可以，他们也会帮我。虽然有不少人离职，但我还是愿意留下来。

　　因为我的达标率一直很高，在我们小组算是第一，经理那边也看好我。在部分老员工离职之后，管理层人才跟不上，因而给予了新人晋升的机会。经理直接找我面谈，问我愿不愿意抓住这个机会，我说愿意。然后他给了任务，要我帮组里其他人达标，我开始分神去想怎么帮别人达标。虽然想了各种办法，但是都没什么作用，又因为精力分散导致自己都完成不了指标。我彻底崩溃了，我跟经理说离职，但经理劝我留下，让我做其他职位，再试半个月看看。留下来的半个月平平无奇，甚至不断遭到怀疑。恰好赶上那段时间身体不好，于是以身体不好为理由向公司提出离职。身体恢复以后，我就来到了新的公司。

　　我觉得实习算是一个人从学生转化为社会人的过程，在这个过程

72

中，我们应该保持相应的自信，寻找适合自己的岗位，多去尝试。但是还是要按个人喜好去选择，毕竟是要做一辈子的事情。要明确知道自己的目的和方向，尽力去学习。不要让自己的情绪受别人影响，别人有他们自己的考量和想法，他们离职可能有他们的去处，而对你而言，离职也许只能让自己陷于漂浮的状态。要让自己不受太多影响，听取适合的意见，学习不会的东西，情绪就会保持在比较好的状态。

——摘自黄同学的顶岗实习总结

　　职业院校学生相比于其他类型的学生会比较早进入社会大课堂，在社会网络中通过实践体验增进知识、磨炼心志、成就事业，通过学徒制方式进入大学的学生更是如此。零售学徒虽然也有标准化的工作内容，但也有相当一部分工作不同于工科专业学徒，没有办法按照固定的程式和标准去操作，而是需要结合特定的情境做出针对性的反应，例如处理某个顾客比较个性化的退货要求。**就零售学徒而言，模仿是其学习行为的重要特征**，师傅、前辈、同事等的操作会像镜子一样映射在零售学徒的脑海之中。

　　社会学习理论开创者阿尔伯特·班杜拉认为人的**行为主要是后天习得的**，人的行为习得有两种过程，一种是通过直接经验习得，另一种是通过观察示范者习得。社会学习理论认为个体通过观察示范者获取知识的过程存在三种机制，如图6所示。

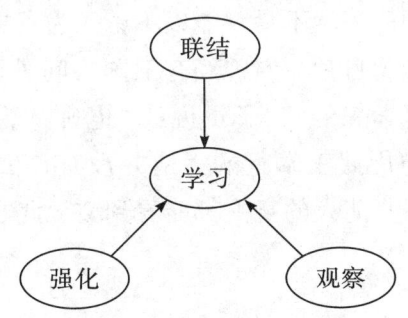

图6　个体学习行为的三种机制

第一是联结，联结是获取刺激的前提，有了刺激就有了反应的可能性，从而引发行为习得。

第二是强化，即行为后果对行为本身的加强作用，譬如师傅对学徒的夸奖可能会促使学徒再现获得肯定的技术动作。

第三是观察，即学习者仅通过观察示范者的行为就可以在态度或行为上有所收获。

就像黄同学在实习总结中所表达的，从学生转化为社会人是职业院校学生实践学习的一条主线。刚入职场的大学生在面对一个职业问题的时候，它可能的行为选择会有很多，但在特定的情境下，某个行为会成为他最终的选择。朱利安·罗特用"行为潜势（behavior potential）"①来描述这种状况，**行为潜势意味着青年大学生的职业性格本来有更多的可能性，但在环境的影响下，某一种可能性将成为这个人一生的模式。**所以，在个人与社会充分交融的初始阶段，这个人所处的小环境（例如交往的对象、学习的榜样、衡量得失的标准等）对其后来的生活有至关重要的影响。学校的课堂是一潭静水，纯粹而平和，社会大课堂更像海洋，暗流涌动，**何去何从是个大问题。**

"三人行，必有我师焉；择其善者而从之，其不善者而改之。"这句话出自《论语·述而》，说明了孔子学无常师、海纳百川、自觉自习的学习法则。从善如流固然不易，能以不善人为资更是可贵。②

孔子为什么能如此自觉呢？曾经有卫国人问子贡："你老师的学问如此渊博，是从哪里学来的？"子贡说："老师认为奉行周礼可以实现天下大治，周文王与周武王奉行的大道并没有丧失，而是在天下人之中，在贤能的人与不贤能人的身上都能看到文、武之道，老师的学习没

---

① 朱利安·罗特，美国心理学家，他用行为潜势的概念描述某种行为在特定情境下发生的可能性。

② 《老子》有语"故善人者，不善人之师；不善人者，善人之资"。

有固定的老师。"①

　　奉道而行，万殊即为大道，一个人有如此心理程式，**善可为师，不善为镜鉴，岂不悦乎**！

　　择善而从有三重境界。

　　**其一是以人之善为善**，用一个字概括是"从"。譬如农户种田，一家农户去年种白菜赚到钱了，今年家家种白菜。

　　**其二是以己之善为善**，用一个字概括是"用"。譬如孙悟空学艺只学长生之法。

　　菩提老祖：我教你求仙问卜，驱邪避凶之术好吗？

　　孙悟空：师父，似这般可得长生吗？

　　菩提老祖：不能不能。

　　孙悟空：求仙问卜，不如自己做主，不学不学。

　　菩提老祖：那我教你念佛诵经、朝真向圣可好？

　　孙悟空：可得长生吗？

　　菩提老祖：好似水中捞月。

　　孙悟空：师父说话不爽快，我是个老实人，不会打隐语，什么叫作水中捞月？

　　菩提老祖：月在长空，水中有影，虽然看见，只是无法捞摸，到底成空！

　　孙悟空：如此说来，念佛诵经，不如本事再深，不学不学不学。

　　菩提老祖：那我教你参禅打坐、戒语吃斋如何？

　　孙悟空：可得长生吗？

　　菩提老祖：也似镜里观花，欲摘不能！

　　孙悟空：不学不学，打坐参禅不如弄棒打拳。

　　……

　　**其三是以善之善为善**，用一个字概括是"容"。譬如孔子以文武之

―――――――――――

　　① 《论语·子张》中记载子贡对"仲尼焉学?"的回答。

道为善，杭州退休教师韦思浩①以求知和助人为善。

个人选择行为并非在真空之中进行，需要借助客观条件，同时也要承受来自相关方面的压力，可以说，每一个选择都是两难问题。但恰恰是这种两难境遇成就了人的高贵。余秋雨说："如果没有两难结构，人类就会因为缺少深刻的选择而变得浅薄。"黑格尔的表述更为深刻，他认为真正有价值的悲剧②出现在两难之间。由此可见，**将什么视为"善"倒是次要的，最为重要的是"择"**。

择善而从并非仅仅是理念，在行动上也是有章可循的，掌握了如何择善的章法，对减少盲从与增进修养大有帮助。下面以曾国藩个人性情的变化为例对择善而从的三重境界做一些解释。所引资料来自张宏杰的《曾国藩的正面与侧面》。

曾国藩是中国近代政治家、理学家、文学家，与李鸿章、左宗棠、张之洞并称为"晚清中兴四大名臣"。在曾国藩的倡议下，晚清建造了中国第一艘轮船，建立了第一所兵工学堂，印刷翻译了第一批西方书籍，安排了第一批赴美留学生，可以说曾国藩是中国近代化建设的开拓者。对曾国藩的诸多评论公认其在识人用人方面的独特之处，胡林翼、左宗棠、李鸿章等无不赞誉曾国藩识拔贤良的过人之处。曾国藩早年以圣人为榜样，对时事多有不平之气，可以说是个典型的"愤青"，创立湘军后虽屡建功勋，但因为与周遭不和，一度被搁置乡野，"岐黄可医身疾，黄老可医心病"③，经过一年反省，性情大转，遂成国之重器。

---

① 杭州夏衍中学退休教师，2015年过世，关于其事迹可参看新闻《杭州图书馆里的"拾荒老人"走了，却留下一串闪耀人性光辉的"名字"》。

② 黑格尔认为悲剧是伦理的自我分裂和重新和解，悲剧为伦理的重新建构提供了机会。

③ 欧阳兆熊在曾国藩处于人生低谷之时建议他以黄老之学修心。北京大学宫玉振教授认为，儒家思想给曾国藩以理想追求，法家思想给他以现实的眼光，黄老思想给他以成熟的心智。

有些人将曾国藩视为"权谋"的代名词，但通过他给家人的书信可以断言，权谋术数并非曾国藩的长处，甚至可以说他不屑为之。毛泽东在其早年读书笔记《讲堂录》中说：历史上有两种人，一种是办事的人，一种是传教的人，北宋的范仲淹与晚清的曾国藩既是办事的人又是传教的人。柴静评价曾国藩是一个有灵魂、有体温、有意思的"圣人"。

## 曾国藩江西受挫与乡居悔悟

咸丰四年四月十四日，湘潭大胜之后仅仅九天，曾国藩在长沙给弟弟们所写的信中沮丧地说："饷项已空，无从设法，艰难之状，不知所终。人心之坏，又处处使人寒心。吾惟尽一分心作一日事，至于成败，则不能复计较矣。"又说："余近来因肝气太燥，动与人多所不合，所以办事多不能成。"

鉴于湘军是唯一有战斗力的部队，咸丰皇帝命曾国藩出省作战，支援困境中的江西。湘军出省作战实行的是"就地筹饷"，江西省官僚系统负有供饷之责。其时江西巡抚是陈启迈。其人气度狭隘，寸权必争。在他眼里，曾国藩不过是一个办团练起家的在籍官员而已，地位等同绅士，要在江西吃自己的军饷，就必须对自己唯命是从。因此他对曾国藩指手画脚，呼来喝去，而所下命令又朝三暮四，令人左右为难。

对这样一个毫不知兵的巡抚，曾国藩实在无法敷衍，只好拒不从命。这下子惹火了陈启迈，对曾国藩"多方掣肘，动以不肯给饷为词"。曾国藩没办法，只好自己想办法在江西筹饷，这又侵犯了陈启迈的财政权。在他的带领下。江西全省官员与曾国藩针锋相对。曾国藩要对商人抽税，地方官员马上也抽，强分一杯羹。曾国藩要任用一个地方上的绅士，地方官就扣住不放，甚至对敢于接近曾国藩的绅士打击报复。盖有曾国藩关防的捐输执照，不被地方官员承认，说曾国藩"未奉明诏，不应称钦差字样"；又说他"曾经革职，不应专折奏事"；说他"系自请出征，不应支领官饷"；等等，极尽污辱玩弄之能事，大有挤垮曾国藩之势。曾国藩在江西数年之间步步荆棘，处处碰壁。曾国藩自己说他在江西"事事被人欺侮，故人得而玩易之也"，连与曾国藩积怨很深的王珍，也不无同情地说："涤帅遭际若是，直令人急然。"曾国藩忍无可忍，于咸丰五年六月十二日，以陈启迈"劣迹太多，恐怕贻误大局"为由，上奏参劾。咸丰阅之大怒，立刻将陈启迈革职查办。

然而，接下来发生的事情又重复了湖南的经验，这次参劾不但没有使其他江西官员束手，反而令他们变本加厉。接替陈启迈任江西巡抚的文俊行事一如陈氏，江西官员在他的率领下团结起来处处给曾国藩下绊子设障碍。甚至曾国藩的兵勇也被人毒骂痛打，遭受侮辱。曾国藩后来在给朋友的信中回忆这段经历说："江西数载，人人以为诟病"。又形容当时的苦况说："士饥将困，窘若拘囚，群疑众侮，积泪涨江，以夺此一关而不可得，何其苦也。"

正在曾国藩痛苦万分之时，他接到了父亲的讣告。

适值此时天京内讧之后，太平军内部分裂，势力大衰，看起来已经指日可平，政府面临的压力骤减。皇帝或许认为形势已经转折，于是批准他在家守制三年，实际上解除了他的兵权。

此际正当太平军由盛转衰，而他偏偏在这个时候回了家。他的许多部下，都因军功飞黄腾达。比如以知府身份投身于他的胡林翼早当上了湖北巡抚，以千总这样的低级军官身份加入湘军的杨载福也已经升为二品提督。在他离开军队这段日子，湘军攻陷九江，杨载福、李续宾皆赏穿黄马褂，官文、胡林翼皆加太子少保，一时荣耀无比。只有他这个湘军创始人冷冷清清待在家里，受人嘲骂。

曾国藩反思到，在官场之上一再碰壁，碰得鼻青脸肿，不光是皇帝小心眼，大臣多私心，自己的个性、脾气、气质、风格上的诸多缺陷，也是重要原因。回想自己以前为人处世，总是怀着强烈的道德优越感，自以为居心正大，人浊我清，因此高己卑人，锋芒毕露，说话太冲，办事太直，当然容易引起他人的反感。他翻阅旧日信稿，发现了当日武昌告急时，他请求骆秉章发兵援救的一封信。写这封信时，他觉得字字有理有据，今天读来，却发现字字如锥如芒。信中称湖南湖北"唇齿利害之间，不待智者而知也"，不仅没有一点商量的口气，而且还略带嘲讽之意。为了防止骆秉章干预他募练水师，他又在信中早早地表明态度，"其水路筹备一端，则听侍（曾国藩自称）在此兴办，老前辈不必分虑及之。断不可又派员别为措置。"仍是一副舍我其谁、比谁都高明的架势。

怪不得当日骆秉章批评他刚愎自用。骆秉章信中的原话是说他"行事犹是独行己见，不能择善而从，故进言者安于缄默，引身而退"。说他做事听不进别人意见，所以也就没人愿意给他出主意。当时听了这话他不以为然，今天想来，才发现确实说到了自己的痛处。他在给弟弟的信中承认说："余生平在家在外，行事尚不十分悖谬，唯说些利害话，至今悔恨何及。"

曾国藩回忆起在湖南时朋友们对他的批评："近日友朋致书规我，多疑我近于妒功嫉能，忮薄险很者之所为，遂使我愤恨无已……仆之不能推诚与人，盖有岁年。"

朋友们不能理解他，难道都是因为不明大义，身处局外？他自己就没有任何责任？"行有不得，反求诸己。"这句圣人之言，虽然耳熟能详，实际上却没有真正做到过。

他又想起弟弟对自己的批评："曾记咸丰七年冬，余咎骆文耆待我之薄，温甫则曰：'兄之面色，每予人以难堪。'"

曾国藩终于认识到，行事过于方刚者，表面上似乎是强者，实际上却是弱者。这片土地上真正的强者是要有包容心的。所谓"天下之至柔，驰骋天下之至坚""江河所以为百谷之王者，以其善下"。所谓"大柔非柔，至刚无刚"。那些他以前所看不起的虚伪、麻木、圆滑、机诈，自有其存在的合理性，没有包容，何来仁义，又怎么有机会去改变。只有必要时合光同尘，圆滑柔软，才能顺利通过一个个困难的隘口。只有海纳百川，才能调动各方面的力量，达到胜利的彼岸。

曾国藩把家居的两年称为"大悔大悟"之年。后来他回忆自己的这一变化说："昔年自负本领甚大，可屈可伸，可行可藏，又每见人家不是。自从丁巳、戊午大悔大悟之后，乃知自己全无本领，凡事都见得人家几分是处，故自戊午至今九年，与四十岁前迥不相同。"

时事逆转，在天京内讧之后，太平天国势力回头，攻破了清军江南江北大营。咸丰八年皇帝不得不重新起用曾国藩。曾国藩再不提任何条件，立刻出山。

曾国藩的朋友们惊讶地发现，曾国藩变了。

首先，他变得和气、谦虚、周到了。

他在启程前首先给各军将领、各地大吏每人致信一封，以非常谦恭的语气，乞惠"指针"。到了长沙之后，首先拜遍大小衙门，连小小的长沙县衙他也亲自造访。原来对那些无用的官样文章，他不理不睬，现在则每信必复。他对老朋友检讨说，以前"接人应事，恒多怠慢，公牍私书，或未酬答。坐是与时乖舛，动多龃龉"。因此"此次再赴军中，消除事求可、功求成之宿见，虚与委蛇，绝去町畦。无不复之缄咨，无不批之禀牍，小物克勤，酬应少周，借以稍息浮言"。"再至江西，人人惬望"，从此曾国藩用人备饷比以前大为顺利。他自己也满意地说："吾往年在外，与官场落落不合，几至到处荆榛。此次改弦易辙，稍觉相安。"

其次，是他不再慎于保举。

晚清军队，"滥举"之风很盛。每有小胜，领兵大员都会拼命保举自己的属下，不管出没出力，上没上战场，都会均沾好处。曾国藩领兵之初，因痛恨此风，从不滥举。咸丰四年他带兵攻下武汉，"仅保三百人"，受奖人数仅占出征队伍的百分之三。相比之下，胡林翼攻占武汉一次即保奏"三千多人"，受奖人数竟达到百分之二三十。消息传开，不少人认为投曾不如投胡，许多曾国藩挽留不住的人员主动投奔胡林翼门下。

曾国藩原"以忠诚为天下倡"，以为仅凭忠义相激，就可以令部下出生入死。但阅历既久，才发现真正的抱道之士并不如他想象的那样多。因此复出之后，曾国藩"揣摩风会，一变前志"，大力保举。在升任两江总督后不久，他写信给曾国荃说："周俊大兄昨来家中，以久试不进，欲投营博一功名。渠若果至吉营，望弟即日填功牌送之，兼送以来往途费。如有机可假，或恰逢克复之日，则望保以从九县丞之类，以全余多年旧好。余昔在军营不妄保举，不乱用钱，是以人心不附，至今以为诟病。近日揣摩风会，一变前志，上次有孙、韩、王之托，此次又有周君之托。"

最后，是治军宽严相济。

领兵之初，曾国藩对军中用钱看得很紧，不但自己洁身自好，也严格禁止部下获得灰色收入。而再出山后，则开始对部下宽之以"名利"，在金钱上手笔松了很多。他写信教导其弟曾国荃如何驾驭太平军降将李世忠时说："此辈暴戾险诈，最难习驯驭……吾辈待之之法，有应宽者二，有应严者二。应宽者：一则银钱慷慨大方，绝不计较。当充裕时，则数十百万，掷如粪土。当穷窘时，则解囊分润，自甘困苦。"

他以前对士兵在战争中的劫掠行为查得很严，而再出山后，对于劫掠所得，他通常"概置不问"，采取宽容态度。湘军攻下南京后，城中财物被掠夺一空，竟无一银交与朝廷。曾国荃主张"按民勒缴"，曾国藩不同意，认为这样会"徒损政体而失士心"，主张各得所获，"以怜其贫而奖其功"。

曾国藩并非天赋异禀，左宗棠说他是个"书憨"，与同时代的英杰相比，梁启超认为曾国藩是有些"钝拙"，曾国藩自己对自己的评价也是"生平短于才"。择善而行、困勉精进、惟务质实是他留给后人的精神启迪。

乡居前后的曾国藩虽然都是择善而行，但对于善的理解却有根本差异。乡居之前，曾国藩以己之善为善，看似秉承圣人的德行，实际上仅仅是个人的信仰，没有将自己的追求与周围人的追求结合起来，最后是让自己走进了被孤立的境地。乡居之后，曾国藩能以更包容的胸怀审视与接纳不同于自己信仰的人和事，用更接地气的善或者是能被众生接受的善取代抽象意义的善，这是择善而行的第三重境界。

无论是处于哪个阶段，曾国藩**对于自己选择的善都能真诚相对**，具体表现就是他执着的投入，对人对事的诚敬，所以他能以一介布衣统率湘军，能以"平直之性"延揽多方人才。

**若要择善，先要辨识善与不善。**再次被启用以后，曾国藩并没有放弃初心，而是采用了更具包容性的、更具有现实意义的方式方法。这就需要他能分清楚什么是自己的初心，什么是可以接受的，什么是应该禁绝的，什么是当下，什么是未来。如果没有辨识力，"择善"二字无从谈起，仅靠所谓的"和光同尘"，怎能成就被世代敬仰的"曾文正公"。

择善而行的另一面就是改正自己的过失，所谓"过而能改，善莫大焉"。曾国藩从乡居复职以后，给各军将领和各地大吏写信请求指导，拜访大小衙门，处理官样文章，对这些以往不屑于干的事情都尽心尽力地做好，足见其过而能改的勇气与坚毅。**择善而行贵在行，没有行上的功夫，择善之举岂不是自找麻烦。**

"诚""辨""行"这三个关键字对零售学徒择善而行应该有所助益吧。

# 乐趣导向

　　在这16周里我学到了太多太多的东西，最大的收获是在陈列这一方面，我的计划就是这阶段着重去学习卖场上的东西，而卖场最主要的便是陈列。4个月过去了，我对陈列也有了自己的一些见解、想法，能够独立地去调整版面，按要求陈列出来。对于门店运营当中的许多工作，也都能够熟悉掌握。并且通过比较店长、各个当班之间的不同管理方式以及员工对他们管理方式的反应，初步地认识到了怎么去做好管理。在这期间，能通过自身活跃的性格把团队卖场的气氛提升起来，也算是找到了自身的一个亮点。而在每天的工作中，很多内容都是重复的，虽然看似简单，但是要每天都很好地完成是需要很大的毅力和耐心的。这些日子我也明白了不单单只是通过实践能学到东西，也不仅仅是学习理论知识就能学到东西，而是要将两者结合在一起，才能更好地进步。在这里非常感谢公司的赛曼大学，① 它促使我们将理论知识与实践工作相结合，让我很好地学到了很多东西。

——摘自陈同学的顶岗实习总结

　　主动且带着欣喜之情学习的学生并不多，在毕业以后，因为工作需要，部分同学会逐步重视学习，但将学习视为生活乐趣的仍然只是少数，将工作视为乐趣的更少。毕业之际，校园里到处弥漫着离情别意，

---

　　① 赛曼大学是一款专业人员学习软件，学习者通过手机客户端可以实现随时随地地在线学习，还能进行问题咨询、参与考试等。

这是对校园、同学、教师的情谊，而对于学习则似乎多了几分轻松愉悦，因为终于可以不用上课、不用考试了。

父母和教师们在训教孩子的时候常会说的话是："学习是给自己学的，不是给我学的！"实际上的情况是，对相当一部分学生，学习真就如同背上的书包，从来没有进入身体，没有进入灵魂，只有将它放下来才是最舒服的。

离开校园的小课堂，进入社会的大课堂，**校园的小书包已经被甩掉了，社会的大书包呢？如果再重复上学时的路，替"别人"背包袱，这样的人生是不是太悲催了**？

有些人虽然与之朝夕相处，但却形同陌路；有些事虽然日复一日地在做，但仅仅是日复一日而已。原因并不复杂，说得有些哲学意味就是心意未动，说得通俗一点就是应付而已。**同样的事情，因为用心，结果就会有判然之别。**

最不会应付生活的是小孩子，他们率性、纯洁，充满好奇与热情，对接踵而来的事情也是凭着自己的喜好去决定是否加入，难怪古人说**"大人者，不失其赤子之心者也"**[1]。女儿出生以后，我就十分在意她的饮食。曾经有一段时间自己几乎到了神经质的地步，孩子如果不认真吃东西，我就会很急躁，会因为这件事情跟家里人发生争吵。直到有一天我突然意识到孩子对吃的东西并不感兴趣，吃饭对他们似乎是负担。他们更喜欢玩，他们会抓住任何机会去玩，包括吃饭的时间。我女儿是这样，其他的孩子也差不多如此。既然如此，问题就简单了，饮食保证营养供给，大人将原本放在吃上的注意力转移到玩上了，大人省心，孩子开心，更为关键的是，孩子只要开心，吃什么都积极主动。

所以，如果用一个词来解释什么是赤子之心，我认为是"乐趣"，**"乐"是指欢喜、快活，"趣"是指情感的一种境界，这种情感境界的基本特征是"物我两忘"。"物我两忘"**有两种类型，用武侠小说《射

———————————

[1] 语出《孟子·离娄下》。

雕英雄传》中的两个人物来比喻，一种类型好似东邪黄药师，全然没有人间烟火之气；一种类型恰如北丐洪七公，与芸芸众生的生活融为一体。赤子之心的"乐趣"属于第二种。

随着年龄的增长，赤子之心渐失，部分是因为自然规律，部分是因为外界牵引。目标导向、业绩导向、问题导向、结果导向、市场导向等堂而皇之的理由如同抽打陀螺的鞭子，每日奔波的人们则如同那个陀螺。社会上的主体大致可以被分为两大类，一类是个人，一类是个人的集合体——组织（企业、社会团体、学校、政府等）。两类主体的存在基础、目标追求与行为模式有根本的差异。类似于目标导向的理论本来是针对组织行为提出来的，有其应用条件与适用范围，在物质主义的作用下，这些本来适用于非生命体的、提振组织活力而产生的理论被迁移到生命个体之上。在迭代速度惊人的社会，所有的目标、业绩、结果等都需要具有在短期内可以获得的特征，除此之外都是无意义的。

**其实我们的灵魂走得没有那么快**，所以在物质增长的同时，有人在喊：请走慢一点，等一等灵魂。被外物拖拽的心灵怎一个"累"字了得，哪里还有什么乐趣可言，如此心态下的管理与服务传递的是沉重、焦躁与小心翼翼地算计，于人于己都恨不得去之而后快，事业难有持续发展，人性更谈不上完善。

或许有人会说：你的灵魂太娇贵了，如果不将更多精力投入工作，没有物质上增长，所谓的灵魂岂不要"光着屁股""饿着肚皮"？

究竟是选择快还是慢由人而定，此处不再争辩，但是对于未来的零售精英而言，认识未来顾客的价值观确有必要。

罗纳德·英格尔哈特认为文化的变化是有章可循的，[①] 他借助几个具体的指标追踪了英国、法国、德国等国家的文化轨迹，提出了"**后**

① 文化的变化沿着两个维度进行，第一个维度是沿着传统价值观向世俗—理性价值观变化，第二个维度是沿着生存价值观向自我表现价值观变化。关于英格尔哈特的评述可以参看刊载于《文化纵横》的文章《价值观念的代际革命——英格尔哈特的后物质主义评述》，作者丛日云、王路遥。

物质主义"的概念，他认为西方发达工业化国家正在经历由物质主义到后物质主义的转变。关于中国的情况，英格尔哈特认为后物质主义人群在总人口中的比例还比较低，中国尚处于从物质主义到后物质主义转变的最早期阶段，但转变的特征已经比较突出，他援引世界价值观调查数据指出，在最年老的年龄群体中物质主义者与后物质主义者的比例是30∶1，但在最年轻的年龄群体中，其比例是4.3∶1。英格尔哈特的世界文化图详见图7。

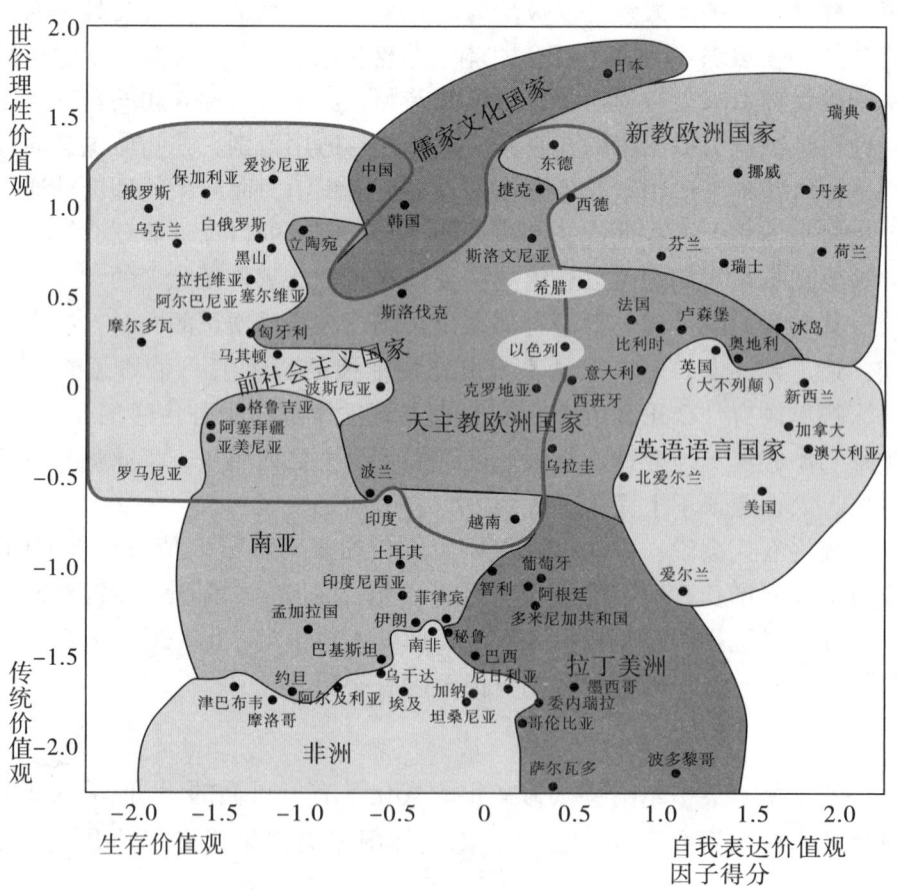

**图7　英格尔哈特的世界文化图**

（资料来源：英格尔哈特. 现代化与后现代化：43 个国家的文化、经济与政治变迁［M］. 严挺，译. 北京：社会科学文献出版社，2013：101.）

持有后物质主义价值观的人一般指后出生的一代，他们更重视言论自由、崇尚个性、尊重平等的规则、重视环境保护、关注结果的同时更在乎实现结果的方式，相较而言，他们的长辈，就是被归为物质主义的一类人，崇尚权威与集体利益，追求金钱和地位上的成功，将服从视为美德，渴望占有。2015 年零点公司发布"00 后"生活形态与消费方式调查报告，其中对"00 后"的表述之一是**"他们'不切实际'却更加有趣"**，报告认为**"80 后"是以成功为导向，"90 后"是以现实为导向，"00 后"则是以创意为导向。**

如此看来，**在未来的时代，物质主义驱使下狂奔的人们不能再说灵魂"光着屁股"或是"饿着肚皮"了，因为没有灵魂狂奔就是"裸奔"。**

**最需要找回来的是乐趣，最需要经营的是乐趣，不仅仅是未来的顾客需要，我们自己更需要。**每一代人都是有乐趣的，面对生存与发展问题，过去的几代人需要承担更多责任，这为新生代张扬乐趣创造了条件和机会。对于不想错失未来的人来说，特别是对于身处教育界与商界的人，如何让自己及其所在的团队更加具有乐趣是社会使命。有一天女儿对我说："爸爸你知道自己有什么问题吗？你的问题就是笑点太高了。"我清楚这句话意味着什么，既然我向往充满活力的世界，我也的确需要做些准备，降低笑点，增加乐趣。

乐趣所包含的内容远远超过好玩或者好笑，从感觉上来描述，它是一种愉悦的状态，这种愉悦产生的前提条件是全身心的投入。虽然全身心的投入带来的也可能是疲惫或痛楚，但没有全身心的投入就不会有触动内心的愉悦。所以，可以换个角度思考如何经营乐趣的问题，即**消除那些妨碍你进入全身心投入状态的因素。**

（1）向虚假的自己说不，敢于展示真实的自己，因为没有什么比委屈自己更无趣的了。

（2）谨慎的开始，在启动一件事情之前问问自己是否能感受到这件事情的意义，是否经过客观地评估，因为仓促的开始往往将自己带入窘境。

（3）把握问题的关键，允许自己在个别环节犯错误或者放松要求，因为在错综复杂的现实世界里不可能尽善尽美。

（4）提前计划，及时整理，让自己处于有秩序的环境中，因为在乱七八糟的世界里最容易处处碰壁，毫无乐趣可言。

（5）将乐趣作为一个重要的指标放入自我评价框架之内，因为你不重视的事情迟早会被别的事情所替代。

（6）在生活的背景下思考工作，而不是在工作的背景下安排生活，因为当你放宽视角的时候，原本无趣的问题会产生新的趣味。

（7）坚持健康的饮食、睡眠、运动等习惯，保持身体处于最佳状态，因为许多"悄无声息的绝望"① 是身体发出的警示。

（8）自我欣赏，为自己的小成就庆祝，因为"吾生也有涯，而知也无涯"，前路漫漫没有尽头，每个小的成就都可以成为自己的驿站，让自己在下一段路更具活力。

（9）为自己选择一个工作以外的爱好，因为几乎所有的人都有切身体验，这份爱好会让人在沮丧的时候重拾生趣。

有意成为团队领导的人更需要清楚，让下属快乐地工作是领导力的重要体现。下属为工作而奉献了白天的时间，有时还奉献出夜晚的时间，付出了自己的脑力、体力和情感。虽然公司给他们发了工资，充实了他们的钱包，**但作为一个领导者，你还需要充实他们的灵魂**。杰克·韦尔奇在《商业的本质》这本书中表达了对领导力的看法，他认为消除工作中的痛苦是领导的一项重要内容，关于如何做到这一点，他给出了五点具体建议。

第一，领导者要体谅下属。

第二，领导者要将自己视为"首席解释官"。

第三，领导者要为下属的前进道路扫除障碍。

第四，领导者要愉快地展示"慷慨基因"。

---

① 语出梭罗的《瓦尔登湖》。

第五，领导者要让下属快乐工作。

让下属充满乐趣地工作绝不仅仅是说风趣的话或者开派对那么简单，这种氛围的根基在于相互之间的信任，而信任来自于领导者对于真相的关注。**当领导者敢于认识真相与分享真相的时候，成员之间才会建立起来基于事实的信任，才会形成公开、坦诚、轻松的氛围，才具有生成乐趣的可能。**

在此基础上，团队领导者可以进一步尝试一些具体策略，让乐趣具有可获得感。

（1）举办庆祝仪式，庆祝里程碑式的事件，或者下属取得的成功。

（2）提倡幽默和坦率，让员工展现出自己真实的一面，例如在会议期间鼓励还没有发言的人表达自己的观点。

（3）一旦官僚主义开始抬头，就立即想办法解决掉。

（4）排查阻碍进步的因素，不给这些因素成长的机会。

（5）在办公室之外与下属聚会。

（6）将乐趣作为一项指标纳入对各类方案的评价之中。

未来零售界的精英们应该清楚，对于零售服务而言，最需要关注的是心性，自己的、顾客的、伙伴的、竞争对手的，而乐趣是心性最动人的地方。

# 简以明智

　　这次实习无疑是我第一次真正的踏出学校，进入社会工作，这为我以后踏入社会奠定了很好的基础。首先，我认为自己还欠缺说服顾客的能力与打动其购买心理的技巧。在名创优品，虽然我们提倡回归自然，让顾客自由选择，但是导购工作也是非常重要的，因为业绩才是衡量你这个门店好坏的标准。因此，在以后的销售工作中，我必须努力提高说服顾客、打动其购买心理的技巧。其次，注意自己销售工作中的细节，谨记销售理论中"顾客就是上帝"这一至理名言。用自己真诚的微笑、清晰的语言、细致的推介、体贴的服务去征服和打动消费者的心，让所有来到我们店的顾客都乘兴而来，满意而去。最后，端正自己的心态。这段时间对于心态的调整使我更加明白，不论做任何事，务必竭尽全力。这种精神的有无，可以决定一个人日后事业上的成功或失败，而我们在销售工作中更是如此。如果一个人领悟了通过全力工作来免除工作中的辛劳的秘诀，那么他就掌握了实现成功的原理。倘若能处处以主动、努力的精神来工作，那么无论在怎样的销售岗位上都会有所建树。

——摘自陈同学的顶岗实习周记

　　企业普遍承认大学生具有优秀的学习能力，能在实践工作的基础上总结出规律，从而在后续的工作中有更大的进步和发展。通过总结将繁复的事务简化为更容易把握的模型或几个因素是学习能力的核心内容，同时也是推演出复杂问题的解决方案的基本前提，从这个意义上讲，学习能力就是化繁为简的能力。

随着年龄的增长，原本赤子之心的纯粹会被人世间的繁复所替代，很多人会感受到沉重，**能再次回归极简之境的人才能收获自由的人生。**用几十张幻灯片去描述一个问题是容易的，而一个人如果能用 5 张幻灯片将问题讲清楚，他就是文化的引领者了①。居家过日子，房间里的东西如同变戏法一样会越来越多，每一个物件似乎都是带有感情的，让你舍不得放弃，又觉得不应该保留，以至于家居整理成了一门大学问，日本有人还据此提出了"断舍离"的一套家居整理方法。②

中国传统文化历来将"简"视为美德与智慧。"乾以易知，坤以简能。易则易知，简则易从。易知则有亲，易从则有功。有亲则可久，有功则可大。可久则贤人之德，可大则贤人之业。"③

大智慧从来都不是轻易能够获得的，"繁"与"简"辩证依存、相互转化，由"繁"入"简"难，由"简"入"繁"也不容易。但通过"简"更容易去认识"繁"，可以说，"简"是一条通往智慧的路。

所谓相由心生，一个人认为是简约的，其他人可能认为它是繁复的，一件事情究竟是繁还是简该如何评判呢？

如图 8 所示，设 C 是解决问题的方案（例如门店在国庆节期间的

---

① 杰克·韦尔奇在公司提倡"五张幻灯片法"，以此来简化战略制定过程，让公司在战略问题上保持敏捷性。具体可参看韦尔奇的《商业的本质》。

② 日本的整理文化享誉世界，以日本生活方式哲学闻名的近藤麻理惠曾经入选《时代周刊》"2015 年全球百位最具影响力人物"，近藤的代表作是《改变人生的整理魔法：日本归纳与整理艺术》；日本另一位收纳专家山下英子融合瑜伽思想与禅宗教义提出家居整理中"断舍离"的观点。

③ 摘自《周易·系辞上》，大致的意思是：乾是用显而易见的方式让人知道，坤是用简单的方法来起到作用。显而易见了你就容易明白，事情简单了你就容易去做。你说的话容易让人明白，那么就容易让人对你有亲近感；事情容易去做了，那么做出来就会取得成绩。因为别人对你有亲近感，那么大家在一起的相处就会长久；因为简单的事情做出了成绩，别人看来就都愿意去做，大家都做出了成绩那么你的功绩就会越来越大。大家都长久的和你在一起不背弃你就可说明你有贤人一般的德行；你有了诸多的功绩也就证明了你开创了贤人一般的事迹。

促销活动方案），B 是该方案的需求方（例如总部运营中心，总部要求各门店制定国庆节促销活动方案），A 是门店自身的发展战略。对于解决方案 C 的繁简如何评判呢？

我想在这个问题上，**有两把尺子可以帮助我们去测量，一把"小尺子"用来衡量产品与需求的距离，一把"大尺子"用来衡量产品在战略中的位置。**

第一步，使用"小尺子"（图中虚线方框所示）衡量产品与需求的距离。C 首先要满足 B 的核心需求与紧迫需求，在此基础上要根据 B 的接受能力对 C 进行简化，因为超过需求方承受或期望标准的解决方案会增加需求方的成本。

第二步，使用"大尺子"（图中实线方框所示）衡量产品在战略中的位置。向 B 提供解决方案 C 的行为应当服从于 A 的整体战略，目标要与 A 的战略追求协同、资源需求要与 A 的资源能力匹配、方式方法要与 A 的运行模式兼容，超过 A 的战略就是"繁"，能被 A 的战略统率就是"简"。

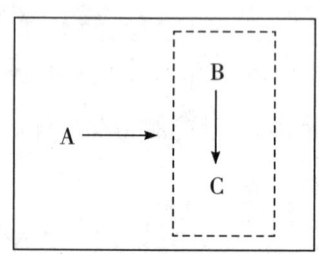

**图 8　战略、解决方案与顾客需求关系示意图**

究竟是简约好还是繁复好，对这个问题的回答需要结合二者存在的情景，要不然很难界定孰优孰劣。以饮酒为例：山东人饮酒特别在意礼仪，主客、副客、主陪、副陪要按座次就位，谁第一个举杯、举几杯、向谁举杯，谁第二个举杯，什么时候可以相互间敬酒，诸般说法颇为复杂，但在齐鲁之地，这是奉礼敬客的重要内容；广州就是另外一番景象，席间虽然也有礼让，但总体而言较为随意，这体现了广州城市现代与自由的个性。将广州的做法移到山东，或是将山东的那套礼仪放在广州，都只能被认为是失礼。

**从解决问题的流程分析，某些环节需要"繁复"一些。**

（1）情报收集环节，充分的情报是正确决策的前提。

（2）方案的征求意见与民主评议环节，各方的充分知情、参与、博弈是文明的体现，也是法律法规的要求，更是方案在后期能顺利实施的保障。

（3）结果与效果的评估环节，对过往的回顾、提炼与升华有助于提升个人或组织的学习力，同时可以借此校正未来前进的方向与节奏。

青年如同生长期的树木，天生具有走向繁复的倾向，所以青年人更适合用蓬勃、绚烂与繁华这类词去形容。**人生若无繁复，多少有些无聊。但就工作而言，简化思维对提升工作绩效颇有助益。** 有些人虽然平日里忙得焦头烂额、撇家舍业，但却鲜有成就，有些人从容淡定、快乐悠哉，却能处处逢源，其间的差别大多与是否具有简化思维有关。

（1）以俭为本，以简为用。

一个人可能有丰厚的资财，但个人的时间和精力是有限的，可以说"俭"是"简"的根本，只有充分意识到人之所有的有限性，才会在方式方法上寻求极简之道。

（2）恰当理解任务。

一项任务由手段、目的和实施条件等要件构成，每个要件均有其合理的边界，过犹不及。在变化纷繁的环境中，若要精准区分边界在哪里，的确是件困难的事情，但大致可以明确其合理范围。因此要密切关注任务进行过程中的各类信息，掌握其动态。

（3）将事物分解为较小单位。

囫囵吞枣定然分不出枣子的蒂、皮、肉、核，只有将其细细拆分，才能知道哪里好吃、哪里不好吃。将事物分解为较小单位有助于把握其内在结构，对照目标，就能更好地确定每个小单位的价值，进而决定其去留。

（4）不要被虚假信息干扰。

清晰思考的前提是对所获信息进行有效过滤，简化思维就是一个"过滤器"。要注意区分信息来源，阻断不良信息来源对自己的干扰；一段信息中包括事实、观点、情绪、论证等要素，要更加关注事实，不要轻易被别人的观点、情绪与论证所左右；要注意信息比对，通过将不同来源、不同形式的信息进行对照，检验其真伪；要放下自己的偏见，在信息收集环节，尽量让自己保持中立。

（5）明确顾客需求，培养简洁输出的能力。

站在顾客的立场上想问题，而不是仅仅秉持为顾客着想的思维。你想给的也许并不是顾客需要的，你认为具有附加值的功能在顾客那里或许是累赘。主观臆断是造成繁复的最大元凶，客观世界绝不会允许废物的存在。因此要让自己时刻与客观现实保持联系。

（6）借助新技术与新工具。

新技术与新工具是让人们解决问题的方式走向简化的推手。例如：运用 Visio 软件①可以将复杂的概念转化为形象化的图形，用 MindManager②可以将散乱的想法汇集成系统化的方案，借助专业化问卷制作与回收平台有助于简化调研组织工作。

（7）关注所用而非仅仅关注所有。

假设你非常享受驾驶越野车去长途旅行的感觉，但实际上你很少有长途旅行的机会，开车主要是为了解决上下班的交通问题，而你家距离单位是 10 公里左右，在这种情况下你还会去买越野车吗？当你真要去长途旅行的时候，可以考虑租一辆越野车，将金钱和精力投放在偶尔出现的需求上并不是很明智的选择。在相当多的情况下，相比于所用，所有要付出更高的成本。协作化的时代，关注所用更值得提倡。

**简化思维的一个可怕的演变方向是固化思维。**前文曾经提到过，将万事万物都用"一理"去一统了之，看似简化，实则是抹杀了事物的

---

① 一款适合于商务人士的专业制图软件。
② 一款绘制思维导图的软件。

个性，如此简化毫无意义，这是中国传统文化中的糟粕，于国于人有百害而无一利。吾辈同仁需要谨记！

再次重申什么是简什么是繁：**如果一个人的努力让事情更简单，让周围的人更加轻松愉快，这是美德，这是简；如果一个人的努力让自己得到回报，却让事情更复杂，让周围的人更加忙碌，这是罪过，这是繁。**

# 弘毅为先

由于要对冬装销售库存做总结，于是我开始制作表格，以便让负责人总结时有数据参考。但不得不说，在学校使用 Excel 比较少，但为了快速制作表格，还是要多多练习的。周四开会对冬装做了总结，听了其他人的总结汇报，觉得自己还有很多做得不够，平常没听过的一些分析方法，让自己有点懵，也觉得对货品进行数据分析还是很有挑战性的。主管说下次新员工就要做总结了，所以我要多多努力练习才行。对于公司使用的服装数据系统，一开始还是有点难搞懂，该怎么看数据，在哪里看，看哪方面的数据，行业和工作中常用的一些名词、订单、供应商名字以及销售衣服的类型、款式什么的，记得脑袋都有点大了。为熟悉各个门店，我把各门店进行了分类，以方便记忆，自营店有六十几家，加盟店十几家，数据资料真的要频繁看，看得多才能更快熟悉。

——摘自林同学的顶岗实习周记

**文化就是行者的足迹**。在零售行业久远而且日益繁盛的发展过程中，领袖人物灿若晨星，他们是零售文化的引领者。在这些伟大管理者眼中，零售业文化似乎没有什么特殊性，因为他们所奉行的无非是诚实、勤奋、友善、持续学习等毫无酷炫感的理念。问题的关键恰恰在这里，他们独特的心理与行动程序让这些普通的理念彰显出伟大的力量，而不是停留在夸夸其谈之中。

沃尔玛的山姆·沃尔顿、乐购的特里·莱希、亚马逊的杰夫·贝佐斯、7 - Eleven 的铃木敏文、星巴克的霍华德·毕哈……这些零售业巨人各有特点，但他们的零售帝国无不是从简单的哲学信条开始，在这些原则中，最突出的就是对文化信仰的坚持。

没有文化自知就没有文化自信，从自知到自信靠的是什么呢？

行动！

行动！

行动！

我们经常自以为是，但又常常被犹疑不定的心情包裹。**没有行动的自知虚弱无力**，外界的一丝变化都会让它摇摆不定，唯有行动能够提供检验自知与完善自知的机会。

满腹经纶者古来有之，指点江山者更是比比皆是，但敢于中流击水者才是豪杰。自知的力量不在于知的内容，而在于知的方向，知的方向即是信仰，方向迷乱，心力必然颓废。方向就是迈出的脚步，**没有行动的自知谈不上方向，更没有什么力量**。

总有一些问题是解决不了的，总有一些条件是不具备的，从来没有一个时机是成熟的。这种情况下行动是最好的选择，**先从能做的开始**，原来不能解决的问题在行动中或许会迎刃而解，原来没有的条件会出现，原来不成熟的机会会更加成熟。

**人之于世事，如同宝剑之于砥砺**。宝剑经过打磨，自损薄弱之处，才能成锋成器；人经过世事的洗练，才会看到真我。

**躬行于事，觉己觉人，须以弘毅为先**。没有冬藏怎会有春华秋实，没有沉淀何来欣赏。2015 年以来，毕业半年后的大学生的离职率都超过 30%，大学生群体被贴上了"一言不合就裸辞"的标签，这或许有些夸张，但高离职率也的确能说明一些问题：经济形势好，就业机会多，这是外部条件，急于求成的心态则是内在动因。

**慎始如终，则无败事**。除了急于求成的心态，就业不足半年就仓促离职的直接原因是没有为择业做好准备，离职的同学不妨问问自己以下几个问题。

（1）我是从什么时候开始不喜欢这家单位的？是最近一段时间还是从一开始就谈不上喜欢？

（2）为什么我在一开始没有发现这家单位如此令人忍无可忍？

（3）在签订就业协议之前我对这家单位有进行充分的了解吗？

（4）我曾经为来到这家单位或进入这个行业做过认真准备吗？

（5）我在大学期间是否有意识地看过某些行业或企业的资料？

（6）我是否留意过自己中意的企业需要什么样的人？

（7）我是否清楚自己将要从事的工作需要什么专业技能？

（8）我是否想过自己将要面临的最大挑战是什么？

（9）我是否为可能发生的事情设定了预案？

（10）我是否为毕业后的第一年设定过目标？

**目标、梦想、自我不是设定出来的标靶，而是一点一滴的沉积，一丝一缕的升华，一呼一吸的感念**。在一开始的时候，我们将所探讨的话题中心定于梦想，如果将梦想比作灯火阑珊处的那个"她"，你的每一步前行，每一次瞩目，为她准备的玫瑰，为她的沐风栉雨，就已经是在体会梦想之美了。

零售店长从事的是成己达人的事业，这项事业的**根在于人性，美亦在于人性，未来更在于人性**。

**目标不在前方，在脚下；梦想不在明日，在今朝；自我不在心里，在天下。**

# 1. 英国零售学徒框架标准

通过英国的 AFO（apprenticeship frameworks online）网站（www. afo. sscalliance. org）进入 Frameworks library，以 retail 和 apprenticeship 为关键词进行检索，检索到 468 份与零售学徒有关的框架标准。此处挑选零售员和零售店长的标准供大家参考。

## 英国零售员（retailer）学徒制标准

零售员的主要工作是为顾客提供服务。零售员需要了解货品、顾客购买行为以及支付工具。零售员需要提供超过顾客预期的高质量服务，所以零售员需要具有这样的特点，即乐于直接接触广泛的人群，并且会因为得到对方的赞誉而感到愉悦。他们能够在精品店、连锁门店、超级市场、百货商场等零售企业工作，更专业的零售员可以胜任殡葬、园艺等方面的服务岗位，也可以利用电话、互联网、邮寄等形式提供服务。无论销售的是何种产品或服务，大多数的零售业雇主认为零售学徒应当掌握的知识、技能与行为规范是相同的。英国零售员学徒制标准详见附表 1。

附表1　英国零售员学徒制标准

| 事项 | 认识与理解<br>knowledge &<br>understanding（know it） | 技能<br>skills（show it） | 行为<br>behaviors（live it） |
|---|---|---|---|
| 顾客 | 了解顾客基本特点，了解与顾客沟通的适当方法，例如顾客购买习惯、如何促进销售、如何提升顾客忠诚度等 | 能利用面对面交流、在线交流等方式为顾客提供有用的信息与服务，积极与顾客互动，促进销售 | 采用可接近的、友好的方式与顾客互动，对他们的需求表现出真诚的兴趣，并且积极希望从顾客那里得到改进服务的反馈意见 |
| 企业 | 了解企业愿景、目标、品牌标准以及如何为此而努力 | 与顾客建立良好的关系，依据品牌标准服务顾客，促进企业价值的实现 | 认同与维护企业声誉和目标 |
| 财务 | 理解商业操作原则与全面财务绩效原则，例如积极完成销售目标，减少浪费和退货 | 在满足顾客需求与财务绩效目标之间找到平衡，例如坚持销售目标导向，按照程序包装货物与办理退货 | 在所有关乎财务绩效的事情上要遵守可靠性与诚信原则 |
| 营销 | 为了增加市场份额与取得竞争优势，要了解企业定位，例如企业独特的卖点、产品线、促销与广告活动等 | 通过提供关于价格和产品的精确信息影响顾客，并且能分享体现地方差异性的服务 | 依据企业在行业中的定位提供服务 |
| 沟通 | 能够识别和判断特定情境，并依据企业文化做出恰当的应对 | 依据购买程序，采用有效的沟通方法实现目标 | 积极面对顾客，主动倾听顾客诉求，并且进行恰当回应 |

续上表

| 事项 | 认识与理解<br>knowledge &<br>understanding（know it） | 技能<br>skills（show it） | 行为<br>behaviors（live it） |
|---|---|---|---|
| 促销 | 理解年度内企业与行业的销售时机，并且能依据顾客购买习惯，清楚特定时期的产品、库存、服务等方面的特点 | 在促销季，能恰当运用组合策略向顾客推广产品 | 提前积极准备促销计划，并且激励团队成员共同努力 |
| 产品与服务 | 了解企业要求掌握的品牌、产品与服务信息 | 能够根据顾客需求匹配产品和服务，努力提高顾客消费，例如借助关联产品与服务销售的方法 | 对企业的产品和服务要怀有自信 |
| 品牌声誉 | 理解企业与品牌声誉的重要性，清楚哪些因素会影响企业与品牌声誉 | 对威胁企业与品牌声誉的情况能依据企业政策进行回应，并且对相关人员保持关注 | 在任何情况下都要积极维护企业与品牌声誉 |
| 卖场规划 | 理解如何通过商品陈列促进销售，理解销售与卖场空间之间的关系 | 运用商品陈列技术促进销售，确保商品陈列有吸引力、令人愉悦并且是安全的 | 根据顾客满意度与销售需求评价卖场陈列 |
| 存货 | 充分考虑营销活动、季节促销与恰当需求，保持存货的合理水平 | 保持合理的存货水平，并使存货处于正确状态 | 对存货要有主人翁意识 |

续上表

| 事项 | 认识与理解<br>knowledge &<br>understanding（know it） | 技能<br>skills（show it） | 行为<br>behaviors（live it） |
|---|---|---|---|
| 技术 | 知道相关技术（设备），例如支付手段，并且对技术变化能保持关注，例如社交媒体、数字技术等 | 依据企业政策恰当且有效率地进行技术（设备）运用，并做好维护工作 | 积极运用新技术，关注技术进步对改善服务的影响 |
| 团队 | 理解团队合作的重要性，知道如何积极的影响与支持团队 | 支持团队成员，确保提供的服务是高质量的、适时的、符合需要的 | 维护团队荣誉，积极反思个人给团队带来的影响 |
| 绩效 | 理解个人绩效如何影响公司成功 | 挑战个人工作方法，持续改进状态 | 对自己负责，努力做到最好，用具有弹性的、恰当的方式去工作 |
| 法律与规范 | 认识与理解同企业、产品、服务相关的法律法规 | 按照法律法规要求降低风险与激励顾客购买，在任何时候都要降低对企业的损害，保护个人的安全与他人安全的环境 | 用诚信的方式工作，将个人以及他人的安全放在首位 |
| 多样性 | 理解如何同来自不同文化背景的人一起工作，清楚区域特点对企业的影响 | 根据顾客的需要提供服务，让顾客在任何时候都感到安心 | 用换位思考的、公平的与专业的方式工作 |
| 环境 | 知道如何在工作中降低对环境的负面影响 | 根据企业程序最大限度降低对环境的负面影响 | 努力兑现对保护环境的承诺并且根据需要对改善情况进行评估 |

# 英国零售店长（retail team leader）学徒制标准

零售店长是管理者的重要助手，为顾客提供特定情况下的服务与体验，当经理不在的时候可能代行经理职责。它的角色是动态的，在一天之内可能要发挥多种作用。最常见的工作是协调团队完成工作，识别促进销售的机会，督导团队成员按照企业标准完成作业与服务。英国零售店长学徒制标准，详见附表2。

附表2　英国零售店长学徒制标准

| 事项 | 认识与理解<br>knowledge &<br>understanding（know it） | 技能<br>skills（show it） | 行为<br>behaviors（live it） |
|---|---|---|---|
| 顾客 | 了解顾客基本特点，了解与顾客沟通的适当方法，知道如何满足顾客需求，如何激励团队增加销售，如何提升顾客忠诚度与实现企业目标 | 掌握顾客要求和服务需求，指导和支持团队成员用恰当的、积极的方法为顾客提供服务 | 成为服务顾客的榜样，通过受欢迎的、专业的方法提升顾客体验，改善与顾客的关系 |
| 企业 | 了解企业愿景、目标、品牌标准，清楚与竞争对手的差异，以及如何与团队一起为此而努力 | 与团队一起维护企业和品牌的标准，依据企业程序识别和处理相关危机 | 履行在实现团队与企业目标中的个人应当承担的责任 |
| 财务 | 理解个人及团队对企业绩效的影响 | 通过计划和资源监控促进实现财务目标；有效率地使用资源；在个人工作领域内，依据企业规则全面掌握各项活动对企业绩效的影响 | 保持商业警觉性，对相关情况恰当处理，秉持诚信原则维护企业财务利益 |

续上表

| 事项 | 认识与理解<br>knowledge &<br>understanding（know it） | 技能<br>skills（show it） | 行为<br>behaviors（live it） |
|---|---|---|---|
| 领导力 | 理解如何在日常工作中组织团队完成目标，清楚应急计划在满足企业需求方面的重要性，清楚代行经理权力时的限制 | 协调团队工作，保证团队以正确的方式、在正确的时间和正确的地点、由正确的人依据公司或品牌标准进行工作；在允许范围内代行经理职权 | 在关乎企业利益的决策方面展现决策思维；用周全的判断和恰当的方式处理有关资源的问题 |
| 营销 | 理解企业和品牌是如何定位的，尤其是相对于地方与在线竞争者；理解企业的产品和服务时如何体现顾客需求趋势；理解自己以及团队成员如何影响顾客对品牌与企业的看法 | 支持团队理解和积极开展营销活动，确保顾客有最好的体验 | 提前了解顾客需求、竞争者活动、消费趋势等，并向管理者汇报，在职责范围内能采取相应的行动 |
| 沟通 | 理解如何进行有效的沟通，如何快速形成对情况的判断，如何采取恰当的应对措施 | 依据听者的情况采取恰当的沟通方式；监控相关活动中的沟通效果，确保产生有效的结果 | 展示了积极的口头与肢体语言，使用精确和清晰的沟通方法，能够在尊重他人观点的基础上做出周全的回应 |
| 促销 | 理解影响年度销售的因素，知道如何协调这些因素以达成企业销售目标 | 与团队沟通目标并提供支持；能识别机会并据此开展行动，最大化经营收入 | 提前寻找与把握销售时机 |

续上表

| 事项 | 认识与理解<br>knowledge &<br>understanding（know it） | 技能<br>skills（show it） | 行为<br>behaviors（live it） |
|---|---|---|---|
| 产品与服务 | 了解产品和服务的信息、独特卖点、销售技巧；知道与产品和服务相关的信息，例如运输、货源等 | 确保团队知道和理解产品和服务的相关信息，把握机会增加销售收入 | 自信地推广产品和服务，展现出对产品和服务的深入理解 |
| 卖场规划 | 对卖场规划有全面认识 | 依据企业要求、当地需求、销售日志等因素让团队维持卖场规划，适时补充货品 | 激励团队理解卖场规则、标准与商业属性 |
| 存货 | 从供应链的角度理解存货控制的原则；理解如何管理存货水平、安全等 | 确保团队按照存货管理程序最小化损失，在法律范围内最大化收入，采取恰当措施销售尾货 | 采取有预见性的措施与团队一起管理存货，产品在需要的时间和地点按照质量要求能得到供应 |
| 技术 | 知道相关技术（设备）是如何影响销售的；知道如何使用技术（设备）才能提供高效服务 | 依据企业政策对技术（设备）的运用有全面了解，能妥善处理关于技术（设备）的问题 | 是有效使用技术（设备）的提倡者 |
| 个人与团队发展 | 理解在企业中建立高效团队的知识、技能与行为；理解团队的动态性，知道如何使团队成员在更大范围内适应角色需求与满足企业目标需求的重要性 | 计划、组织、排序与监督个人和团队的工作；支持员工入职、培训与发展；公平分配工作，采取恰当的方式实现企业目标 | 对自己负责任，与团队成员建立积极的关系，乐于采用新的和更好的方法工作 |

续上表

| 事项 | 认识与理解<br>knowledge &<br>understanding（know it） | 技能<br>skills（show it） | 行为<br>behaviors（live it） |
|---|---|---|---|
| 团队绩效 | 理解如何开发团队绩效；理解团队绩效如何影响企业目标达成 | 领导团队完成日常作业；确定目标并跟进实现情况；团队成员的激励、指导与工作训练；识别团队内部矛盾，在他人支持下能妥善解决这些矛盾 | 对自己负责，努力做到最好，用具有弹性的、恰当的方式去工作 |
| 法律与规范 | 理解商业规则合法合规的重要性，支持团队企业政策和程序工作 | 确保自己和团队遵守法律法规；能按照规则对风险快速做出反应，并向相应的管理者汇报 | 遵守并积极提倡依照法律法规工作 |
| 多样性 | 理解如何同来自不同文化、不同背景、不同企业的人一起工作 | 确保团队理解与执行关于多样性的政策；能对顾客与团队成员相关要求做出恰当反应 | 用换位思考的、公平的与专业的方式工作 |

## 2. 清代商事学徒的初阶课程

清朝嘉庆年间，商业理论家王秉元总结知名商贾的从商经验编纂《世事》，后人修订为《生意世事初阶》，这本书可以说是为商事学徒编写的经典教材，其中详尽说明了学徒应当掌握的生活与工作要点。

（1）学小官，第一要守规矩、受拘束。不以规矩，不能成方圆；不受拘束，则不能收敛深藏。譬如美玉，必然琢磨成器，况顽石乎。

（2）男子志在四方。原望觅利蝇头小利，以为养家糊口之计，切不可嫖赌废荡。凡搭船、歇店，务必少年老成，见得透，守得坚，如此为人，东君方可重托，父母才得放心。

（3）学小官，清晨起来，即扫地抹桌，添砚水，润笔头，捧水与人洗脸，取盏冲茶，俱系初学之事。扫地倘遇失落银钱，须拾取放在账桌上，不可怀藏。

（4）学生意，要照看柜里柜外，看人做生意，听人说甚的话，彼此买卖交易，问答对敌，贯串流通，必须听而记之。

（5）学生意，先要学官话，纵然一时不像，切不可怕丑。若满口乡谈，彼此不懂，如何能出门学生意，读书居官亦然。

（6）进店学小官，全在流通活泼。先学眼前一切杂事，谙练熟滑，伶俐精灵。更要目瞻耳听，手勤脚快。大概已定，然后用心习学戥子银水，算盘笔头。次之听人言语，学人礼貌。

（7）小官不可嘴快。多言好辩，最令人嫌。如众人在一处叙谈，你可耳听，勿使眼望；亦不可向前多嘴插话，不轮到你说话之时，且学乖透了，再向前未迟。

（8）学小官，切莫嫌人啰唆。他说你，是教你成人。骂也受着，打也受着。你若嫌他琐碎，而再形于辞色，他下次当说也不说。日后成人，方知说你者是恩人，不说你者是坏人。

（9）学小官，不论有人无人在面前，都要兢兢业业，谨守店规，莫说无大人在面前，就可以顽皮，此系你不受拘束，则放荡不成文矣。

（10）柜内无你坐之理。有生意，固须站起。见店里伙计，亦须站起。盖店内俱系比你长的人，不是东家，就是伙计，都为你师，你焉敢坐也。到你坐的时候，自然让你坐也。

（11）要有耳性，有记才，有血色，有和颜，四件万不可少。有耳性，则听大人教训；有记才，则学过的事，就不肯忘；有血色，则自己就顾廉耻了；有和颜，则有活泼之趣。

（12）学字须在饭后。闲暇无事，即于柜内习学操练，或看书消闲，开卷有益。如有事，切不可看书。圣人云："行有余力，则以学文。"

（13）学算盘，日间不可学。生意之家，忌的是白日打空算盘。要在晚上无事学算。请教人指点算法，灵窍全要心悟。

（14）称戥子，将（秤）毫理清。拿足提起，勿使一高一低，总要在手里活便。称小戥，务必平口；称大戥，务必平眉，不可恍惚。称准方可报数。

（15）看银水呈色，整锭者，看其底脸，审其路数，是哪一处的银子。但银水一样，销手百般，细察要紧。如整锭无重边者，趱铅无疑。

（16）学小官，说话要响响亮亮，斩钉截铁，切莫沾沾滞滞，说在肚里，使人听不见。亦不可胡言乱道，嘻嘻哈哈。别人说笑话玩，你只当没有听见，才成学生意之道。

（17）学到周年两载，生意有点眉眼，就要硬着头，恋在柜上，勉力做生意，不可退后。如你做不下来者，自有傍人接应。你一两回，把胆子放大了，就好向前做了。

（18）奉命到街上买东西，或往别店有事，一到将事办完，急回店，切不可长远耽搁，贪玩好嬉，如此者，就不把生意放在心上了。

（19）每日须早起，不但神清气爽，凡柜台内外，打扫洁净，摆列整齐，亦是店面之光彩也。

（20）小官上柜，必须挺身站立，礼貌端庄，言谈响亮，眼观上下，察人诚伪，辩其贤愚，买物之人，自不轻视你了。

（21）做生意，须把生意为重，不可胡思乱想。即有要紧心事，比时要拂开。有云：心无二用。若想心事，则精神恍惚，办事潦草，即不免舛（chuǎn，相违背的意思）错了。

（22）手内做着生意，还要耳内听人说话；嘴里说着话，还要眼睛看着事。所以，生意人要八面临风。

（23）人借戥子称银子，不可伏在他面前，望着他的银包，恐有遗失。你可站开些，俟他称过银后，将戥子收来可也。

（24）替人夹银子，夹开必须放在桌子上，切不可就放他银包内，恐有讹错，慎之。

（25）与子弟学生意，切莫先送入大店。子弟不妨先在小店里学生意，资本虽小，为事俱系把稳，锱铢积累。只讲勤俭，不务奢华。寻常日用所需，犹如居家一样。

（26）小官务要识好歹。那人既朝夕教诲你，又不过严厉，就要努力奋志，学得生意精微，世务圆通，再未有不成人之理。又道：世上无难事，只怕有心人。你若终日贪玩，诸事全不习学，如此之人，倒不如早些回去，另做别图。

（27）言谈不可缺也。即或与人闲坐，亦要四处寻些话来讲讲。或叙寒暄，或谈时务，才成活变灵通之道也。

（28）说话第一要谦恭逊让，和颜悦色。出口要沉重，有斤两，方成正人君子。大凡言语之中，不可浇漓刻薄，诡诘奸诈，兼之有碍他人短处，最要留心。

（29）交易虽要言谈，却不要太多，令人犯厌。须说得得当。你若多言，不在理路上，人反疑你是个骗子。

（30）生意人，要如春天气象，惠风和畅，花鸟怡人，才是有脸戏。

（31）生意不比古时，目今若依古时做生意者，鬼也不上门。时下需要言如胶漆，口甜似蜜，还要带三分奉承，彼反觉亲热，买卖相信。

（32）入人柜内，不可靠银钱之所，犹恐彼有失误舛错，就疑你三分。又道：失物厌来人。再者，亦不可翻人账目看，惹人讨厌。

（33）有女子堂客来买东西，切勿笑言戏谑、趣语留连，外人看见不像样。再若被他喊叫詈（lì）骂，你脸面何存！总要正言厉色，把着交易做，不可放肆。

（34）面生人进柜，须要请教尊姓台甫，尊府何处，再问到此有何贵干，细细盘诘一番。恐防有歹人冒同进店，你疑他同伴。

（35）称买物银子，大市价钱，他是晓得的。假如货卖六分一斤，戥子就要放在六分三四星上，一让再让，买人自不疑惑。

（36）称大小秤，必须扶稳拿一，勿使低昂。如称他家伙，必须捺着些；回来称己货物，必须撮着些，亦是取巧之小技，谋利之法门也。

（37）称银与人，发货与人，付账与人，数钱与人，必须再三查算，交代明白，切勿慌张含糊，以致讹错遗失之患。

（38）人既妥交之银钞，此时不可搅乱。俟停一刻再搅，犹恐彼不买而来退。其原银不动，则彼自无话讲矣。

（39）人带银来买货，你问他买何物，先言价值，次看银水，再用戥秤。货价该若干，多则退，少则添。

（40）人来买物之银，先已称过，因交易不妥，既出去复回来者，务将他银包打开，复称复看。他若说你才秤过，又秤做什么，你回道：金银不过手，事不嫌细。

（41）熟人来买物之银钱，必须过数，多则退，少则补。故不论生人熟人，总要当面过数，方免后悔。昔时贤文有曰：莫信直中直，须防人不仁。山中有直树，世上无直人。

（42）来往熟客，存整封炮头银子，务必当面拆开，差点明白，然后封固，皮上写某姓某名存记。切不可随手收下，最为误事。凡一切事务，大意不得，存神要紧。

（43）对紧要人说话，俱要留神。有道：要知心腹事，但听口中言。你若不审来历，不究根底，只随口说出来，并不观前顾后，诚恐话里机关，令人参破识透。故凡一切说话行事，都必须再三思忖。

（44）柜上做生意，不论贫富奴隶，要一样应酬，不可藐视于人。只要有钱问我买货，就是乞丐花子，都可交接。哪里是应酬人，不过以生意为重，应酬钱而已。

（45）柜上只可一人对买者交谈，切不可个个插嘴，多话则不成大方生意。如买者执意不添，两下不能转弯，方着一人分剖几句，则生意就矣。

（46）柜上做生意，全要眼睛亮。第一要识认得人。有道：遇文王而施礼乐；遇桀纣而动干戈。但发怒要想收头，又须知柔能制刚之法。

（47）不可性急，性急则生意难成。三言两语，将几句呆话说完，及至结局，没得对答。又道：生意不成，言谈未到。

（48）店内生意兴，人多挤满，须逐一做妥、交货。自己拿定主意，总不慌张。须某人某宗，算清交付。

（49）生意过滥则伤本，太紧则无人投奔，须要看人活变。如有所图者，作今日不成钱，还有下次扳本，不可不深察也。

（50）做生意，看人来甚言谈，就要将甚话敌他，切不可嫩弱，总要应对如流。或批评你的货丑，亦不可蠢他；他善批，你亦善解。有道：褒贬是买主，说话是闲人。

（51）买主进店，要看你货色好歹，可先将丑的与他一看。彼嫌不好，再把次一宗与他看。彼中意就罢，买者既合式，自然会高价买去。你若起初便把高货看，他必不信。

（52）开口价钱，须留些退步。到后奉还，彼是信服的。你若突然说实在价，买者未能全信，决不肯增，只有减的。瞒天说价，就地还钱。

（53）人问价不处意买者，就是照本就他一着，此所谓请客之法。倘或向我买，我亦卖与他，往后恐有生发拉扯，亦未可定，名为拉主顾也。

（54）冷货讨价者，须要水马不离桥，不可过于离经。彼闻你讨价没影子，则伸舌而去。即或过路生意，亦只比大市略高昂些。

（55）生意还价不到本，是不卖的。还价过了头，是不卖的。或还价在路上，疑而不决，恍惚不定者，是不卖的。须三收三放，皆不放他出门之意。

（56）还价不到本，或赚钞无多者，不可轻于放他出门。亦要迁就软跌，必须笑容相待，推之以理，详之以情，那人自然多寡也添些。

（57）交易无论大小，须在柜前将交易做妥。故须细细揣摩，划算本利，卖得卖不得，不可自误。

（58）正经生意，也要慷慨大方些、泼绰些。不可格外苛刻，做出名声，才有些主顾投奔。

（59）卖有利钱的货，平色微微差些，就要包含些，切莫执拗，定要价高色足，毫无推扳。即无利之货，亦要活动为主。

（60）门口各货，价钞卖定。倘或些微价高，必听听大市；方可长跌价。跌价须跌在人前，涨价须涨在人后，亦是拉生意之道。

（61）货价陡涨，必须将货物从地头因何而贵，或是不出，或遭干旱，或遇水荒，以致缺长，如此分剖明白，下次自多投奔。

（62）门市货色，须剔选高货，放在门口卖，不但卖得起价，且而又有主顾。若门市生意，是养命之源，必须斟酌妥帖，不可潦草做坏，谨记谨记。

（63）做惯小生意者，或有大生意投你手里做，就要打起精神，自己慷慨些，洒脱些。比不得小生意，锱铢必较，则非大方脉矣。

（64）现买现，俱要银全发货，免得他徘徊摆布，末后拔围。如若赊账，须看其为人若何，访其家庭若何。有道：赊三千，不如现八百。又道：略占些便卖，纵对合不赊。

（65）待小官，犹如待自己子侄一般。既在店学生意，有道：在家靠父母，出门靠主人。方见朋友亲戚，有点血心关切。

（66）教训小官，先要论其资质若何。聪明作聪明教法，鲁钝作鲁钝教法。必须细心教他的生意，他后来成人，决不忘你善教之恩也。

（67）东君固须体恤伙计，量材给俸。水深才养得鱼住。为伙计者，亦当尽心竭力。有道：食人之禄，必当忠人之事。至小官初学生意，更须谨慎和睦，不可傲慢怠惰。

（68）出路雇船，要预先开一启程单，某宗某件，以便照单查点，犹恐投宿起船，慌忙失落。

（69）剃头切莫通眼、绞鼻，尤不可剔脚，只可长洗自剪。此老成历练之言，一生受益不浅，谨记谨记！

（70）烟酒最为误事，有损无益，孟子曰：事孰为大，侍亲为大；守孰为大，守身为大，戒之！慎之！

（71）新进店学生意。第一要和睦。小官往往有以大压小，以新间旧之弊，相为忌刻。有道：投师不如访友。你若格外和好，他自尽心指引，不至如盲人骑瞎马矣。牢记！牢记！

（72）古诗云：年少轻岁月，不解早谋生。晚岁无成就，低头避故人。俗话说：吃不穷，穿不穷，算计不到一世穷。家有一千银子，每日只用三钱，若不经常算计，不要十年全完。

## 3．徽商古训

《徽商古训》提倡"诚""和""衡""信""需""均""真""义""正"，可谓大道至简，坚守这些简单道理，不以虚华欺世，恰恰是诸多商号能够成就百年事业的根基。

斯商：不以见利为利，以诚为利；

斯业：不以富贵为贵，以和为贵；

斯买：不以压价为价，以衡为价；

斯卖：不以赚赢为赢，以信为赢；

斯货：不以奇货为货，以需为货；

斯财：不以敛财为财，以均为财；

斯诺：不以应答为答，以真为答。

斯贷：不以牟取为贷，以义为贷。

斯典：不以情念为念，以正为念。

## 4．零售业服务机构推荐

（1）联合国数据中心。

（2）世界贸易组织数据中心。

（3）中国商业联合会。

（4）美国零售联合会。

（5）中国连锁经营协会。

（6）阿里研究院。

（7）清华大学经济管理学院中国零售研究中心。

（8）长江商学院学习中心。

（9）北京和君咨询有限公司。

（10）德勤企业管理咨询有限公司。

（11）尼尔森网联数据服务有限公司。

## 5. 世界零售领军企业

美国零售联合会评选出 2016 年全球零售 250 强，前 20 强名单如下。中国共有 15 家企业进入 250 强榜单，内地有 10 家，香港地区有 4 家，台湾地区有 1 家，分别是京东、苏宁、屈臣氏、华润万家、国美、牛奶国际、上海百联、周大福、百丽国际、永辉超市、唯品会、顶新集团、重庆百货、大商集团、农工商集团。

（1）美国的沃尔玛。

（2）美国的好市多。

（3）美国的克罗格。

（4）德国的施瓦茨集团。

（5）英国的乐购。

（6）法国的家乐福。

（7）德国的阿尔迪。

（8）德国的麦德龙。

（9）美国的家得宝。

（10）美国的沃尔格林。

（11）美国的塔吉特。

（12）美国的亚马逊。

（13）法国的欧尚。

（14）美国的 CVS 公司。

（15）法国的卡西诺集团。

（16）日本的永旺集团。

（17）德国的艾德卡。

（18）美国的牢氏公司。

（19）日本的 Seven & I Holdings 公司。

（20）德国的 REWE（爱威）集团。

## 6. 推荐书目

（1）《富甲美国：沃尔玛创始人山姆·沃尔顿自传》，山姆·沃尔顿、约翰·休伊，江苏凤凰文艺出版社。

（2）《甘地自传》，莫·卡·甘地，上海社会科学院出版社。

（3）《沙龙传》，丹尼埃尔·阿伊克，译林出版社。

（4）《李鸿章传》，梁启超，陕西师范大学出版社。

（5）《苏东坡传》，林语堂，陕西师范大学出版社。

（6）《名人传》，罗曼·罗兰，人民文学出版社。

（7）《丘吉尔传》，诺曼·罗斯，人民文学出版社。

（8）《毛泽东传》，罗斯·特里尔，中国人民大学出版社。

（9）《拿破仑传》，埃米尔·路德维希，长江文艺出版社。

（10）《简化》，爱德华·德博诺，中信出版社。

（11）《简单的哲学》，米利安·巴吉尼、彼得·福斯，中国人民大学出版社。

（12）《零售的哲学》，铃木敏文，江苏凤凰文艺出版社。

（13）《活法》，稻盛和夫，东方出版社。

（14）《专业主义》，大前研一，中信出版社。

（15）《新企业战略》，大前研一，中信出版社。

（16）《商业的本质》，杰克·韦尔奇，中信出版社。

（17）《漫画禅宗思想》，蔡志忠，海豚出版社。

（18）《中国哲学简史》，冯友兰，北京大学出版社。

（19）《人类简史》，尤瓦尔·赫拉利，中信出版社。

（20）《科学简史》，约翰·格里宾，上海科技教育出版社。

（21）《群书治要》，鹭江出版社。

（22）《传习录》，王阳明，中州古籍出版社。

（23）《论语》，中华书局。

（24）《墨子》，中华书局。

（25）《薄伽梵歌》，毗耶娑，四川人民出版社。

（26）《之江新语》，习近平，浙江人民出版社。

（27）《宽容》，房龙，江西人民出版社。

（28）《基业长青》，詹姆斯·C. 柯林斯、杰里·I. 波拉斯，中信出版社。

（29）《大分裂——人类本性与社会秩序的重建》，弗朗西斯·福山，中国社会科学出版社。

（30）《星巴克——一切与咖啡无关》，霍华德·毕哈，中信出版社。

（31）《牛虻》，艾捷尔·丽莲·伏尼契，译林出版社。

（32）《斯巴达克斯》，乔万尼奥里，译林出版社。

（33）《百年孤独》，加西亚·马尔克斯，南海出版公司。

（34）《老人与海》，海明威，上海译文出版社。

（35）《让爱先行：韦德自述》，德韦恩·韦德、米姆·艾奇勒·里瓦斯，译林出版社。

（36）《东西文化及其哲学》，梁漱溟，商务印书馆。

（37）《泰戈尔散文诗选》，泰戈尔，花城出版社。

（38）《追风筝的人》，卡勒德·胡塞尼，上海人民出版社。

（39）《黑骏马》，安娜·塞维尔，译林出版社。

（40）《纪伯伦精选集》，纪伯伦，北京燕山出版社。

（41）《瓦尔登湖》，亨利·戴维·梭罗，江苏人民出版社。

（42）《社会研究方法》，艾尔·巴比，华夏出版社。

（43）《自私的基因》，道金斯，中信出版社。

（44）《麦肯锡工作法》，大岛祥誉，中信出版社。

（45）《TED 演讲的秘密》，杰瑞米·多诺万，中国人民大学出版社。

（46）《越来越聪明，效果惊人的轻松健脑术》，日本平成生活研究会，青岛出版社。

（47）《故事思维》，安妮特·西蒙斯，江西人民出版社。

（48）《梦的解析》，弗洛伊德，译林出版社。

（49）《心理学与生活》，理查德·格里格、菲利普·津巴多，人民邮电出版社。

（50）《浮生六记》，沈复，长江文艺出版社。